小林鷹之
Takayuki Kobayashi

日本国家経営論

トランプ時代の
日本経済と政治

渡邉哲也
Tetsuya Watanabe

徳間書店

日本国家経営論

トランプ時代の日本経済と政治

はじめに

2025年1月20日、ドナルド・トランプ氏が大統領に就任した。第1期政権時の公約達成率は約8割とされているが、第2期政権時はそれを上回る加速度で次々と大統領令にサインがされている。脱SDGs、脱DEIなどまさに「革命」という印象だ。

このトランプ革命の中で注目されているのが実業家、イーロン・マスク氏率いる「DOGE軍団」である。AIとデータベースを組み合わせ不正、無駄を次々と暴き出しているのはワシントン政界とは無縁の、若き天才エンジニア。これまでとは全く次元の違う行政、政治改革が断行されている。

こうしたことが眩しく見えるほど、我が国の政治の何と貧弱なことか。安倍晋三氏が率いた黄金期の自民党は、没後、瞬く間にパワーを喪失。2024年総裁選でトップに就任した石破茂氏が率いた自民党は、同年10月の衆院選で大惨敗を喫する。少数与党となったことで政策も迷走し、今日に至っている。

このような惨状で、あのトランプ大統領と有効なディールを行うことができるのか——そこで日本経済・政治をテーマとした対談相手として選んだ若手議員が小林鷹之氏だった。

2024年総裁選にいち早く出馬表明し、「コバホーク」の愛称と共に全国区の知名度を得た。官僚から政治家を志したきっかけは、民主党・鳩山由紀夫政権時代に行われた日米関係の目を覆うばかりの悪化だ。自民党内では早くからその才覚が注目され、ワシントンから「経済安全保障のゴッドファーザー」と賞される甘利明氏の下、「経済安保」を専門とする唯一無二の政策立案家となる。

アメリカを相手にしても堂々と「自律」を求めるその姿は、まさに王道の保守で、衆院選惨敗後には、小林氏に惹かれて多くの議員が集まるようになった。

トランプ革命で激変する世界情勢と日本の現実、短期、中長期先にあるべき日本像をテーマにした対談の相手として、小林氏以上の適材はいない。快くお引き受けいただいたことに感謝いたします。

現在、トランプ陣営が行っていることは「政治」を超越している。経営学的視点から「国家」をマネジメントしていると見る方が正確だ。その動きを理解したのが自民党最高顧問、麻生太郎氏である。麻生氏を中心に「国家経営論」の勉強が始まっているが、本書のタイトルは、そうした「これから」の政治の動きを考えたからである。

そこで国際情勢、経済を読み解く上でマストの知識となる「経済安全保障」について明らかにした。実は経済安保は「防衛」という枠に留まらない、世界の中でも日本がリードする数少ない国家経営戦略だ。この「経済安保」は抜本的な成長戦略を生む基礎政策になりつつある。それを知ることは新世界のビジネスにも直結することは間違いない。

次に挑んだのは日本の国富、国力を強くするための施策だ。多くの課題の中で「核」になるのは、日本のストロングポイント「技術開発」である。

科学の歴史に立つとナポレオン体制下以来、民生技術は軍事技術からスピンオフされる構造が長く取られてきた。その究極がマンハッタン計画である。ところが冷戦構造末期から民生技術が軍事技術にスピンオンする逆転現象が多発。現在では軍民の技術の壁が消失した「デュアルユース（軍民共有）」が常識になっている。その象徴が民生の大量生産技術を土台にしたドローンだ。

政治が主導して技術を育てる「日の丸体制」復活のための具体策を明らかにする。

ここで重要になってくるのが主役である日本人の「マインド」だ。長く「知らしむべからず」を美徳としてきた永田町には、日本のリスクを伝えることを避けてきた。結果、いつの間にか政治は「説明」の努力を失い、石破政権で、その問題が噴出し自民不信がピークに達し「脆弱な政権」が「脆弱な経済政策」を生む負のスパイラルに陥る直前だ。この政治不信のマインドに拍車をかけているのが外国人優遇政策による、日本人の自尊心喪失である。

一連の問題を整理していくと、見えてくるのが霞が関の中にある、旧態依然とした「壁」だ。

日本政界が惨事にあるのとは対称的に、アメリカで「トランプ革命」が行われていることは冒頭で触れた通りだ。ただし内側に向かうアメリカと日本が、これまで通りの日米関係を維持できるのかは、不確実性に満ちている。今こそ日本はアメリカにとっても、世界にとっても「価値ある国」に再転換しなければならない。

そのためには、日本の政治が目をつむってきた「課題」についての議論を始めなければならないというのが小林氏の主張だ。核抑止、憲法改正、官・産・学一体のイノベーションなど、タブーに踏み込んだ。

総論としての終章では日本のあるべき姿をテーマにした。最優先されるべきは日本の国力増強。そのために必要なのは一にも二にも経済力である。アメリカ、そして中国が大国であることは間違いない。その大国の意図に世界が揺らされているが、日本もその一つである。強い日本とはすなわち、自律の実現だ。中長期先の「自律」を実現するために、今何をするべきかを話し合った。

このまま行けば日本は二流国というのは、日本の未来が暗いことを意味しない。今やるべき課題に取り組めば、世界をリードする一国になれるチャンスが訪れたということである。読者の皆さんは、このことを忘れないで欲しい。

経済評論家
渡邉哲也

目次

CONTENTS

第1章 日本がリードする経済安全保障の正体

第2章 新冷戦時代の日中関係

第3章

霞が関にある「壁」

CONTENTS

第4章 トランプ革命と新たな日米関係

CONTENTS

第5章 大国に揺らされない自律国家への転換

第1章 日本がリードする経済安全保障の正体

経済安全保障を重要視する背景

渡邉　小林先生は、特に経済安全保障政策を重要視されておりますが、そう思うようになったきっかけを教えてください。

小林　まず、私は２０１２年12月に初当選しました。その頃何が話題になっていたかと言うと、一言で言うと、日本の虎の子の先端技術が合法、非合法の両方で国益にかなわないような形で海外に流出しているという事案が相次いでいたんです。

そこに私は強い問題意識を持っておりました。

合法の例ではあの頃は、太陽パネルや液晶で世界をリードしていたシャープが台湾の鴻海《ホンハイ》精密工業に買収されるのか、あるいは日本政府系ファンドの産業革新機構（ＩＮＣＪ）が助けるのかという話がありました。

渡邉　２００８年３月期に過去最高の売上を記録したシャープですが、翌２００９年から稼働した堺工場が赤字を生み出し続けました。これをきっかけに凋落し、２０１６年３月期には債務超過となることが確実でした。

そこで2016年2月にシャープは鴻海の支援策受け入れを決定しました。

小林　非合法の面では、2つ。

1つは新日本製鉄の特許技術の不正流出事件です。新日鉄の元従業員が韓国のポスコに、「方向性電磁鋼板」という高級鋼板の製造技術を持ち出したとして新日本製鉄が2012年に訴訟を起こしました。

もう1つが東芝の半導体事業（現在はキオクシア）の研究データ不正流出事件です。同社のNAND型フラッシュメモリに関する研究開発研究データが、当時のハイニックスセミコンダクター（現在はSKハイニックス）に不正流出した一件です。

渡邉　東芝の事件でも犯人は元従業員で、2014年に逮捕されたことで世間に衝撃を与えましたね。

小林　結局シャープは2016年4月に買収契約を締結してしまいます。東芝の半導体事業は紆余曲折を経て日米韓の連合体に買われました。買収という面ではエアバッグのタカタも忘れられない。2017年にエアバッグの欠陥リコールで負債が1兆円を超える見通しとなり、最終的には中国系自動車部品メーカーの均勝電子（ジョイソン・エレクトロニクス）に買収されてしまった。

このように企業ごと買収されるなどの合法的に技術流出していく場合と、人を引き抜かれる、あるいはサイバー攻撃によって非合法な形で技術流出していきました。こんなことがいつまでも繰り返されていたら、当該企業の収益が減ってしまいます。何よりこれは一企業の問題に留まりません。本来日本企業が取れたマーケットが、他の国に取られることになりますので、まさに国益の損失です。

技術流出から始まる国益損失に対して、かなり強い問題意識がありました。

渡邉　はい。

小林　そこで、技術をどうやって守るかっていう議論をしたかったのですが、当時の自民党の中にそういう議論をする場がなかった。

私は「安全保障」をいわゆる伝統的安全保障以外の部分から見る——そんな傾向がありました。

経済支配域拡大を目指す中国

渡邉　伝統的安全保障とは軍事的手段を使って外国の侵略から領土、領海を守ることです。

「国防」という言葉が使われてきましたが、国を防衛するという意味では経済の面でも行われなければならない。そこで「国防＝軍事による防衛」という一面的な図式は、近代では通じなくなっています。

小林 エネルギー自給率や食料自給率が低い日本は、昔からエネルギー安全保障、食料安全保障という概念はありました。これらは生命の維持に直結する安全保障です。ところがそれだけではカバーできない事態が起こるようになっていったのです。

例えば私が言ってきた「通貨安全保障」に対する問題です。

２０１５年に中国が主導するＡＩＩＢ（「Asian Infrastructure Investment Bank」の略で「アジアインフラ投資銀行」）が、２０１４年の中国の政府系ファンドであるシルクロード基金に続いて設立されました。その時に、これによって米ドルの基軸通貨としての位置付けがどう変わるんだろうと見ていたんです。

渡邉 簡単に補足します。１９４５年に発効されたブレトン・ウッズ協定によって世界の通貨は「アメリカ合衆国ドルを基軸とした固定為替相場制」と定められました。以降、石油、食料、軍事物資など、国家戦略に関係するアイテムの取引のほとんどは、「ドル」で決済されるようになります。

簡単に言えばドルが基軸通貨であるが故に為替が安定し、経済が発展してきたということですので、先生の「通貨安全保障」という言い方は的確だと思います。

ところが2013年に中国国家主席に習近平氏が就任して、中国は「中華経済圏」の拡大政策「一帯一路（BRI）」を実施します。アジアの国力に乏しい開発国にAIIBやシルクロード基金を通じて、鉄軌道の敷設や、港湾などのインフラ整備を促しました。

小林　特にシルクロード基金は人民元建てでした。一帯一路と共に中国の人民元の決算領域が広がっていくと、基軸通貨、ドルの力が弱まってしまいます。弱まるということは自由主義陣営の経済成長の力は当然弱まります。

それは日本の安全保障そのものに関わる話です。

「人民元」の話で言えば、すでに中国政府はデジタル人民元による越境決済の実験を開始しています。中国には持ち出し資本規制があるので、デジタル人民元の一般的な普及は「無理だ」という声がある一方で、その反対の声も多い。

渡邊　各国の中央銀行が発行するデジタル通貨はCBCD（Central Bank Digital Currency）あるいはCBCC（Central Bank Crypto Currency）と呼ばれます。現在、国境を越えた決済の大部分がSWIFTというシステムを通じて行われていますが、SWIFTはアメリ

「一帯一路」の正体

一帯＝シルクロード経済ベルト＝陸のシルクロード
一路＝21世紀海上シルクロード＝海のシルクロード

一帯一路とはユーラシア大陸・アフリカ大陸・オセアニア全体を中国の植民地にする国家プロジェクト

カが監視しています。中国はそれを逃れたいのでデジタル人民元によるクロスボーダー決済を実現したい。

このデジタル人民元の越境決済も含めて、一帯一路によって「人民元」の支配域が拡大する。それは、ドル基軸通貨体制が脅かされるということになります。

前ページ図『「一帯一路」の正体』を見ればわかるように、一帯一路の実態は、中国がユーラシア大陸全域、アフリカ大陸東岸部、さらにはオセアニアを植民地化する国家プロジェクトなのです。

そこで利用されるのがＡＩＩＢやシルクロード基金ですが、中国は借金まみれになった国から重要インフラを収奪したり、支配下に置くようになりました。中国による「借金漬け外交」は、深刻な国際問題になっています。

コロナ禍のマスク外交

小林　こうした事態に対して「技術流出」という切り口を変えて、「安全保障」という概念から見る必要があるのではないかと思い始めました。そこでたどり着いたのが甘利明先生の存在です。

渡邉 甘利先生は、2017年に「ルール形成戦略議員連盟」を立ち上げるなど、党内どころか日本政界でも相当早い時期から「経済安全保障」に着目されていましたね。

小林 自民党の中に議論する場がなかったので、本会議場で後ろを振り向いて、どの先輩がわかってくれるかな…と思って見ていたら、視界に飛び込んできたのが甘利先生です。「甘利さんだったらわかってくれる」

そう確信して本会議場で先生の隣の席が空いたところに走っていって自分の問題意識、技術の話をしました。甘利先生は「それはやるべきだ」と即答してくれました。さらには、「自分が経産大臣だった時、外為法を一度だけ発動したことがある」と自身の経験を話してくださいました。それはザ・チルドレンズ・インベストメント・マスターファンド（TCI）というイギリスのヘッジファンドによる電源開発（Jパワー）の買収を、外為法を使って中止させた一件です。

渡邉 2008年にTCIはJパワーに対して増配を要求し、そのために株式を買い進めようとしました。公益事業者の株式を外資が10％以上取得する場合、外国為替管理法に基づく届け出が必要になります。そこで日本政府は、TCIからの届け出を認めず、株式買い増しの中止命令を出しました。

小林　甘利先生は、それしか手段がなかったとおっしゃっていました。その当時甘利先生は知的財産戦略調査会の会長を務めておられたので、先端技術をどうやって守っていくのかという組織を作っていただけないかと相談したところ、その調査会の下に立ち上げていいよ、と快諾いただき、そこで私は事務局長をさせていただいた。会の名称は、「技術的優越の確保に関する小委員会」。

経済安保を自身の主要政策にしたのは、そこからです。

渡邉　甘利先生とのやり取りはいつ頃のことですか？

小林　2018年末頃に先端技術の流出をどうやって防止するかという議論から始め、2019年末に通貨安保の議論、2020年にコロナ禍になってサプライチェーンの議論を始めました。

渡邉　その好例が中国による「マスク外交」でした。コロナ禍で世界中で医療品が不足。ところが医療関係の主生産地であったことから中国はマスクばかりか、薬なども含めて外交ツールに使いました。

経済合理性ではなく安全保障という観点からサプライチェーンを見直すきっかけとなり

ました。

ポストコロナ世界の新たな安全保障を

小林　甘利先生は、2020年5月頃、当時岸田（文雄）先生から、

「ポストコロナの社会を考えて会を立ち上げてくれ」

と依頼されたのですが、自身の考えとは少しズレがあったと。そこで甘利先生、山際（大志郎）先生、と私でブレーンストーミングしたのです。

「これまで技術の流出防止についてやってきていますし、通貨の話もやりました。今サプライチェーンが問題になっていますが、当然サイバーの話もあるし、データをどう扱うかという話もある。伝統的なエネルギー・食料の話もレアメタルも含めた鉱物等もある」

我が国が抱える問題の範囲は相当大きいということを共有しました。そこで、

「安全保障を広く、経済面から捉える必要があるんじゃないですか」

と問題提起して2020年6月ぐらいだったと記憶しているのですが、新国際秩序創造戦略本部というのを立ち上げることになったのです。

私は考えられる課題を一挙に羅列し、それでどういうソリューションがあるのか、何ができてないのかといった一覧表を作成しました。もちろん私自身が作った相当荒いペーパーでしたが、それをベースに自民党で議論を始めました。それらの課題について一つ一つ検討を進め、2020年12月に、経済安全保障を策定すること、将来的には国家安全保障戦略に経済安全保障の観点を盛り込むこと、2022年の通常国会に経済安全保障一括法（後に「経済安全保障推進法」と正式名称が決定）の制定を目指すこと、を政府に求める提言をまとめました。このような経緯で、私自身の問題意識が党内に共有されていきました。

渡邊　報道などでは経済安全保障は欧米が先行して、日本がそこに追従していって…というトーンで解説されることが多い印象です。

小林　これですね。私の中では、そうした認識に対して、少し齟齬があると思っています。まず、私の問題意識としては経済安全保障を体系立ってやり始めたのは「自民党」だという自負があります。だから、アメリカがやったから日本もやったっていうことでは全くないと認識しております。

私自身も含めて、むしろ日本国の方が問題意識を持っていて、動かしてきました。約1年半ほど完全クローズドで数人の議員と限られた役所の方とで取り組んでいました。

そういうことをやっていたらトランプ政権が誕生し、2018年に国防授権法を制定したのです。だから日米では別々のルートだったんですよ。

経済安保の先駆は日本

渡邊　国防授権法は、アメリカの国防予算と政策の大枠を定める法律です。2018年度の国防授権法では、特に中国への技術の流出を防止するための輸出規制の強化や、中国による対米投資の審査強化が含まれました。

特定の中国企業に対する通信・監視関連機器やサービスの購入・利用を広汎に禁止する規定も設けられ、米中デカップリングの先鞭となりました。

経済安保は日米連動ということではなく、ほぼ同時に偶発的に生まれたということですか？

小林　そうですね。先ほどもお話ししましたが、むしろ体系立てて始めたのは、日本の方が最初だと思います。アメリカの国防授権法は技術流出防止を目的とした法律でしたが、自民党として2020年12月にまとめた「経済安全保障戦略の策定に向けて」と題した提言は、技術流出防止だけでなく経済安全保障を体系付けたものだと思っています。

本来であればアメリカの経済安全保障政策のカウンターパートは、当時立ち上がったばかりのＮＳＳ（国家安全保障局）の経済班になります。ところが先端技術の流出防止について経済班は取り組みたいけど、データや通貨、インフラ、貿易とか、そこまで高範囲にすると経済班では手に負えないと言われ、提言をまとめるまでは役所とは侃侃諤諤議論しました。

２０２１年1月からはリスク点検を始めます。最初、政府は、慎重でしたね。そこで保秘を徹底することを条件に、５つくらい戦略産業をピックアップしてリスクシナリオ作り、リスク点検をやりました。

渡邉　非常に興味深い流れですが、具体的にはどのようなことを検討したのですか？

小林　例えば、「通信・情報」です。日本と海外をつないでいる海底ケーブルが同時に全て寸断されたら何が起こるかとかですね。そういう事態に備えて何が必要かなどを整理していきました。

そうして分野横断的でかつ喫緊の課題を明確にして、それを法律にしようということで、経済安全保障推進法につながっていったのです。

渡邉　経済安全保障推進法実現に向けて、中核にいたのは甘利先生ですか？

小林　アメリカ政府は甘利先生を「経済安全保障のゴッドファーザー」と評価しています。確かに日本は結構遅れている部分があったことは事実ですが、「経済安全保障」を体系化して、法整備を行ったのは日本が初めてではないでしょうか。もちろんアメリカも経済安全保障については高い意識を持って取り組んできたので、日米が相当引っ張ったということはあります。ただヨーロッパは、日米の動きに付いてきたというのが私の中の認識です。

世界に拡大するエコノミックセキュリティ

小林　私が個人的に「通貨安全保障」と名付けていたように、「経済安全保障」という言葉も存在しないところから自民党が主導して日本の経済安全保障が構築されました。その流れの中で「エコノミックセキュリティ」という概念が国際社会の中に広がっていきます。そこで、

「日米で外交的に2＋2をやってみようじゃないか」

という動きが出てきました。クアッド（日米豪印戦略対話）でも経済安全保障、サプラ

イチェーンとかそういうのを一緒にやっていこうといった流れです。

渡邉　そのようにして2022年7月に日米は外務大臣、経済産業大臣による経済版2＋2「日米経済政策協議委員会」開催にたどり着いたのですね。クアッドは第一次安倍政権で安倍晋三元総理の提唱によって実現しましたが、その後、停滞します。ところが2022年5月に日米豪印首脳会談の開催から、再び活性化しました。

小林　こうして国際社会でも「経済安保」が盛り上がっていったのですが、やはり最初は日本はかなり早い段階から独自で先行していて、アメリカは若干遅れながらも軌を一にして、じゃあということで「2＋2」やクアッドということになった流れが私の認識ですね。

渡邉　先生のおっしゃるように「中国の脅威」をかなり早い段階で認識したのは、距離の近い日本です。アメリカが認識するのは2013年の習近平氏が当時大統領だったバラク・オバマ氏に対して、

「太平洋は広い。大国2国が活躍する広さは十分ある」

と言った太平洋分割案くらいからではないでしょうか。それでも南沙諸島の実効支配を許します。

軍事的、経済的な脅威に対して反応したのはアメリカ議会で、USCC（米中経済・安

全保障調査委員会）によるレポートなどの対中強硬型経済安全保障政策の提言を、トランプ政権が取り込んだような形だと私は見ています。

日本のメディアなどでは、大統領だったドナルド・トランプ氏が一方的に対中強硬政策に取り組んでいるように報じられますが、実は議会の要請の方が強いですよね。

２０２５年1月20日からのトランプ政権で国務大臣になったマルコ・ルビオ氏や、２０２４年大統領選で一時期副大統領候補にも浮上したトム・コットン氏などが、対中強硬型の経済安全保障政策をグイグイ引っ張ってきた印象です。日本で言うと小林先生が経済安保をリーディングしてきたという認識でよろしいでしょうか。

風が吹くのを慎重に待つ

小林　私の初期的な問題意識は先端技術の流出をいかに防止するかというところで、この分野で動いたのは私が最初だと思います。

しかし、私の問題意識を理解して受け止めてくれた甘利先生という存在がなければ、経済安全保障政策の体系化は不可能でした。さらに、山際先生も非常に重要な役割をされております。

経済安全保障を政策テーマとして党内で共有していたのは、最初は7～8人の本当に少数でした。しかも機微技術に触れなければならないということで、役所側にも守秘義務がかかっていて助言しにくい。そこでクローズにして守秘を約束して進めていたので外部には一切漏れなかったのです。

1年半ぐらいで経済安全保障の問題の深刻性を共有するようになりました。2024年の通常国会でセキュリティ・クリアランス法案が成立しましたが、これも先端技術の流出を防止するための7つの課題に含まれていて、すでに2019年ぐらいの時点で課題を整理していました。その当時からセキュリティ・クリアランス法案自体は議論していたのですが、やはり、一気にはできない。そこで外為法の改正、留学生、海外研究者の審査をどうするのかとか、扱う大学をどうするかとか、そういうことを詰めていって、最後に残っていたのが実はセキュリティ・クリアランスだったのです。

渡邊　セキュリティ・クリアランスの法整備は早い段階からの既定路線だったのですね。

小林　最初からあまりそれをやるやるって言うと、この、まあ周りが反応するかもしれないので、そこは静かに。

渡邊　静かにですね。

小林　2022年5月、私が閣僚の時に経済安全保障推進法を成立させました。その時、私は、セキュリティ・クリアランス法も同時にやるつもりだったのですが、時期尚早ということで見送ることになります。ところが、メディアや野党の方が、

「今回入ってないじゃないか？」

みたいな話になっていました。私としては、「いい流れだ、どんどん言ってください」と内心思っていたら、そのような意見が多くなっていったのです。

渡邊　産業界側からの要望も大きかったですよね。

小林　産業界は、

「セキュリティ・クリアランスがなければ輸出ができない」

という切実な問題意識を早くから持っていました。野党の方もメディアの方も乗ってきてくれる。「むしろ何で今回やらないの？」という状況になったので、経済安全保障推進法案の付帯決議としてセキュリティ・クリアランス制度について書いてもらいました。

渡邊　付帯決議は法案や議案に関連して追加で採択される決議のことです。法案の内容に望ましい方向性や具体的な指針を示すために付け加えられます。経済安全保障推進法には、

「国際共同研究の円滑な推進も念頭に、我が国の技術的優位性を確保、維持するため、情報を取り扱う者の適性について、民間人も含め認証を行う制度の構築を検討した上で、法制上の措置を含めて、必要な措置を講ずる」

という趣旨が明記されることになったのです。

例えばF-2の後継機、F-3はイギリス、イタリアとの共同開発ですから、セキュリティ・クリアランスがなければ不可能になってしまいます。そうした現実的な問題が成立をプッシュした側面は強いのではないでしょうか。

小林　付帯決議に明記されたことで、実施が既定路線になって安堵しました。

研究インテグリティ

渡邊　経済安全保障法関連の問題点として私が認識しているのは、例えば輸出管理では、企業側が自主的にやらなくちゃいけない点です。アメリカも日本も「企業が自主的に実施する」という建て付けで、明確な取締機関がない印象です。意図的なルール違反や、間違いを指摘するなどチェックし続けているような機関というのはあるんですか？

小林　外為法の枠組みがあって、それを基本的に守るということになっています。

渡邊　でもバレなきゃわからないですよね。

小林　まあ、バレなきゃわからないですけど（笑）。他には経産省の貿易管理の部局、それと税関ですよね。

渡邊　そうですね。

小林　そうした機関の体制は以前からすると強化されてきていますし、経済安全保障の意識は確実に上がってはいます。とはいえ実効性の問題も含めて、十分かと言うと、私は十分ではないと思っています。

渡邊　そうですね。経済安全保障の輸出管理については、多くの人が「モノの問題」という一面からしか考えません。しかし輸出管理というのが「技術移転」の方が基本なわけで、この技術流出がどうしようもない状況だと私は思っています。

小林　そうですね……。

渡邊　特に大学研究機関。

小林　研究インテグリティについては、私が２０２１年の10月に経済安全保障大臣になってすぐの12月にガイドラインを改定しました。

渡邉　研究インテグリティとは、科学研究の信頼性と透明性を確保するための概念です。
・データのねつ造や改ざんを防ぐために研究のデータの正確性
・実験結果や方法論を誤魔化さない誠実さ
・研究の進行・報告について公平で偏りのない姿勢を持つ「公正さ」
　などを持つことを指します。透明性、倫理、責任なども研究インテグリティの要素で、研究不正や不正行為を防ぐための取り組みも含まれます。機微技術の流出防止のためには、研究インテグリティの確保が必要なのです。

小林　研究インテグリティはアメリカの方でも結構進んでいる取り組みです。例えば政府から、ある研究の支援を受ける時、同じ研究に対して海外も含む外部からの支援を貰っているという場合があります。一応、そのような形の支援を受けることはできるのですが、海外も含めて外部から貰っている場合には、「それを報告してください」ということになりました。虚偽報告には罰則が付きます。

　このように改定はしましたが、どちらかというと大学、研究者の自主的な取り組みになっています。しかし自主性だけに頼るのは甘い。そこで最近は研究インテグリティだけでなく、研究セキュリティを強化しようとする動きになっています。基本的には研究活動はオープンであるべきなのですが、それでも、やはり機微な技術については、当然、管理をしなければなりません。その管理の仕方について結構細かく規定するために、大学と政府機関の連携を深めて行っています。

ただし、まだまだ足りないと思います。全然足りないんですけど、ただそこは少しずつ確実に進んでいるという状況です。

セキュリティ・クリアランスの動的活用

渡邊　こうした管理は歴史から見ると1949年に冷戦時代に西側諸国が設立した「対共産圏輸出統制委員会（Coordinating Committee for Multilateral Export Controls で略してCOCOM)」、すなわちココムから始まると言えます。ココムは共産圏諸国への軍需品や先端技術の輸出を制限するための枠組みを提供し、冷戦時代における貿易と安全保障のバランスを図っていました。

1987年には東芝機械がソ連に工作機械を売ったことが、アメリカで政治問題になるココム違反事件が発生。日本の輸出管理が本格化します。冷戦終結後の1994年にココムは解散。１９９６年にその後継であるワッセナー・アレンジメント（The Wassenaar Arrangement）が設立されますが、枠組みのレベルに変わってしまった。

国際社会の輸出管理制度の変化と、並列して日本の省庁が再編されました。機微技術については、もともと科学技術庁が管理していたのですが、科技庁が文科省の中に入って力を失ってしまい、同時に大学も含めた技術流出の管理が甘くなってしまった。

先生がおっしゃったように、経済安保という戦略の登場で、この危機的状況は少しずつ改善はされているとは思います。ところが先生ご自身が「足りない」とご指摘のように、実務面では非常に難しい問題だと考えます。例えば旧ホワイト国、現在のグループＡ（次ページ「グループＡとは」参照）以外の国の学者を日本の大学が受け入れて、研究成果を持って帰られてしまったらどうするのかという問題とかがあります。この辺りはどういう線引きをすべきでしょうか。

小林　そこは外為法の中でみなし輸出などいろいろなことをやることになりますね。外為法の実効性を高めようと取り組んでいるのですが、これだけ言われていることもあって当事者である大学側、行政側の意識も高まってきているとは思います。繰り返しますが、現段階で本当に十分に把握しきれているかっていうと多分そうではない。当然、グループＡ

グループAとは

輸出管理には「リスト規制」と「キャッチオール規制」が存在する。

リスト規制	政府が輸出入を管理するために特定の物品や技術を明確にリストアップし、そのリストに基づいて規制を行う制度です。特に武器やデュアルユース（軍事と民間の両方で使用可能）商品について、国家安全保障や国際的な平和に影響を及ぼす可能性があるため、リストに基づく特定の基準と手続きを通して輸出管理を行う。
キャッチオール規制	輸出管理の一環として、兵器や兵器に転用される可能性のある品目や技術について経済産業大臣の許可を必要とする規制。リストに明示されている品目以外でも、用途や最終需要者によっては許可が必要になる。

「グループ A」は国際的な枠組みの中で輸出管理が厳格に行われている国々とみなされるため、リスト規制の対象にはなっても、キャッチオール規制の対象にはならない

グループ A（輸出管理優遇措置対象国）
アルゼンチン、オーストラリア、オーストリア、ベルギー、ブルガリア、カナダ、チェコ、デンマーク、フィンランド、フランス、ドイツ、ギリシャ、ハンガリー、アイルランド、イタリア、ルクセンブルク、大韓民国、オランダ、ニュージーランド、ノルウェー、ポーランド、ポルトガル、スペイン、スウェーデン、スイス、英国、アメリカ合衆国
グループ B（国際輸出管理レジームに参加しており、一定要件を満たす国・地域）
ベラルーシ、ブラジル、キプロス、エストニア、アイスランド、カザフスタン、ラトビア、リトアニア、マルタ、ルーマニア、スロバキア、スロベニア、南アフリカ、トルコ、ウクライナ
■グループ C
グループ A、B、D のいずれにも該当しない国すべて
■グループ D（国連武器禁輸国、懸念国とみなされる国・地域）
アフガニスタン、イラン、イラク、レバノン、北朝鮮、コンゴ民主共和国、スーダン、ソマリア、中央アフリカ共和国、南スーダン、リビア

（2025 年 1 月 31 日現在）

以外の留学生や海外の研究者が入ってくる場合の、適切な管理の仕方をなるべく早く定めなければならないとは思います。

渡邊　そうですね。だから、国家機密や企業の機密情報にアクセスするための資格制度であるセキュリティ・クリアランス法が作られたわけです。原則から言えばセキュリティ・クリアランスのない人間が機微技術に触れてはいけない。となれば、大学側も必然的にセキュリティ・クリアランスを導入するのは当然のことではないでしょうか。

小林　現在の課題はセキュリティ・クリアランス法の適応範囲にあります。「セキュリティ・クリアランス」が対象にしているのは国が保有している機微なデータ・技術で、そこにアクセスする必要がある人の背景調査をやって、適正と判断された人にアクセス資格を渡します。その人がもし漏洩した場合には、結構強い罰則をかけますよ、という法律ですね。

ところが例えば国が関与せずに、純粋に民間企業内や大学内に保有している技術は、法体系的には「営業秘密」に位置付けられている。そうなると技術漏洩は不正競争防止法の枠内に入ってきます。つまり、国でない限りはセキュリティ・クリアランスの対象外になってしまうのです。

機微技術管理の抜け穴になる「大学」

渡邉　潜水艦などは国が関わるわかりやすい技術ですが、デュアルユース、あるいは需要者によって軍用になる機微技術を民間や大学が保有している場合は問題です。例えば情報分野で次世代の武器になるとされる量子コンピュータに関係する技術などは、どの大学、企業がどんな研究開発をして技術を持っているのか把握できないので、管理もできない。

小林　まさに今、そのことは課題になっています。今後はセキュリティ・クリアランスという仕組みをちゃんと動かしていく。それと同時に、渡邉先生がご指摘されたように大学とか企業にある、国が持っているものではないんだけれども、機微な情報や技術についてどう管理するかという点です。

どういう人にアクセスを認めるのかを民間企業や大学の現場は、どうやっていいのかわからないのですから、まずは国がガイドラインを作ってしっかり示していかないといけない。

多分次にやらなければならないのは、そこですね。

渡邊　そうですね。一般的に輸出企業の方々はアメリカ商務省が施行する輸出管理規制ＥＡＲ（「Export Administration Regulations」の略）をわかってらっしゃって、エンティティリストだとかＳＤＮリスト、軍産複合企業リスト（次ページ「アメリカの輸出管理」参照）とかわかってらっしゃる。ところが大学の先生たちがどこまで認識されているのかは不明です。場合によっては東芝機械ココム違反事件のように政治問題になったりする可能性もある。また規制の中には第三国への再輸出、例えば中国のＥＬ掲載企業などにアメリカ原産の技術を流出させた場合に、セカンダリーボイコット（二次的制裁）を科せられる可能性もあるわけです。

この辺りの認識の甘さがものすごく気になるんですけれども……。

小林　全く対応していないとは私も申し上げませんが、これは、とても重要な課題です。私たちは、「経済インテリジェンス」と名付けています。国が持っていない機微に触れる情報を民間が持っていたりするので。いわゆるその経済インテリジェンスのコミュニティをどうやって作っていくかという課題です。

もちろん経済インテリジェンスには大学も含められるのですが、このコミュニティ構築は非常に重要な課題です。まさに経済産業省と産業界が、相当すり合わせして、公表でき

アメリカの輸出管理

アメリカ合衆国商務省が施行するEARは「Export Administration Regulations」の略で、「輸出管理規制」と訳される。アメリカから輸出される製品や技術に関する管理・規制を行うための枠組み。
●輸出許可の発行の設定　一部の製品や技術についてどのような場合に許可が必要かを定める
●輸出制限の設定　特定の国や地域への輸出を制限するためのガイドラインを提供する
●技術の移転管理　技術やノウハウの海外移転を管理する
EARは、アメリカの国家安全保障や経済利益を保護するために設けられた規制で、違反すると厳しい罰則が科されることがある。


エンティティリスト（Entity Listで「EL」に略される)」は、アメリカ合衆国商務省産業安全保障局（Bureau of Industry and Securityで「BIS」に略される）が管理するリストである。

ELにはアメリカの国家安全保障や外交政策に反する行動を行っている、または行う恐れがある外国企業、組織、個人が含まれる。

EL掲載の理由は主に核兵器拡散への関与、軍事技術の不正輸出、
国家安全保障に対する脅威、重要な経済制裁の違反となっている。

ELに掲載されると、
●輸出制限の強化　特に高機能技術や製品についてアメリカからの輸出や再輸出に厳しい制限が課される
●ライセンス要求　ELに掲載された対象と取引を行う場合、特別なライセンスが必要となり、多くの場合、不許可となる

SDNは「Specially Designated Nationals」の略。アメリカ合衆国財務省外国資産管理局（Office of Foreign Assets Control）によるテロリスト、麻薬密売者、武器密売人など、特定の個人や組織のリストである。掲載されるとアメリカ企業や個人との取引が禁止され、資産が凍結されるなどの制裁が科される。

ない情報をできるだけ相互共有するという取り組みを始めています。

こうした経済インテリジェンスコミュニティに大学もきちんと入っていただきたい。

渡邊　大学の場合、安全保障より「自治」が先に立ちます。未だに企業と大学が共同研究する産学共同について、大学側には眉をひそめる人たちが少なからずいる。また自由な研究環境がイノベーションを生む土壌という意見はある程度説得力があります。

小林　伝え方は難しかったのですけど、大学側にはお伝えしました。

渡邊　大学の技術が民間転用されるケースは少なくなくて、それが海外流出して日本の国益を損なったら、何のための大学かわからなくなります。

独自技術は安全保障の武器

渡邊　やはり、まだまだオンリージャパンの技術は相当数あるんですよね？

小林　そうですね。

渡邊　日本の民間企業が持つオンリーワン技術をきちんと管理しないと、日本国の安全保障も担保できないというのは大げさな話ではないと思います。

例えば味の素の「味の素ビルドアップフィルム（ABF）」は高性能半導体の絶縁材として使われていて、世界中の主要パソコンでほぼ100％のシェアとなっています。この輸出を止めると、世界中の工場が止まってしまう。

すなわち日本国にとっては安全保障を構築する武器の一つとも言えるわけです。

小林　そうです。

渡邊　相手国にとってはチョークポイント（弱点）ですよね。例えば、中国側が何かを仕掛けてきた時に、交渉する材料になる。言い方は悪いですけれども、「輸出禁止」によって相手の態度を変えさせるということです。

それほど重要な独自技術を政府側でどうやって管理できるのかな？　というのは気になるところであります。

小林　大前提として申し上げたいのは、経済安全保障は発展途上にあるという点です。経済安全保障環境は確実に良くはなっているのですが、それが本当に十分なレベルまで来ているかというと、まだまだ課題が多いと思います。

先ほどの経済インテリジェンスの課題で言うと、今先生がおっしゃったABFのような日本が有するオンリーワンの技術、あるいは他国が本当に必要とする技術の把握ができていない。オンリーワンの技術は別に大企業だけにあるわけではなく、中小や地方大学にもあります。そこがまだ把握しきれていない。

それで現在、相当なスピードで経済産業局とか財務局の増員をしています。地方でこの機関のスタッフ数をとにかく増やして、それぞれの地域で調査をするようにしています。

大学、中小企業にどういうものがあるか、どういう研究者がいてどういう技術があるのかっていうのを、まずは政府サイドが把握しないと守ることはできません。

渡邊　全くその通りです。実態が把握できていなければ管理はできません。管理ができなければ、流出や知的財産の侵害、産業スパイ行為から防衛することはできませんね。

小林　そこを今まさにやっていますね。

渡邊　発展途上とはいえレベルアップを加速しなきゃいけない状況になりつつあることは間違いありません。というのは、トランプ政権で対中政策が大きく厳しく変わることは確実だからです。

小林　はい。

第1章

日本がリードする経済安全保障の正体

第2章 新冷戦時代の日中関係

経済安全保障推進法の4本柱

渡邊　ところで中国ですが、対米輸出規制を強化しましたね。２０２４年12月3日に「輸出管理法」に基づいて、希少金属のガリウム、ゲルマニウム、アンチモンなど素材ベースでアメリカへの輸出を原則禁止すると発表しました。

小林　黒鉛もですね。

渡邊　ありふれた物質ですが、リチウムイオン電池の材料などとして使われることから、輸出審査を厳格化するということです。「これどうするんだ？」という話になりますよね。というのは、原材料はどこに含まれているかわからない。ということは、中国をサプライチェーンから完全に外さないと、中国側からいつ言い掛かりを付けられるかわからないということになります。

このような中国の方針について政府、あるいは自民党はこれからどうやって対応していくんですか？

小林　サプライチェーンの強靭化は物によってそれぞれ違いますが、すでに２０２２年５

月に成立した経済安保推進法には4つの柱があります。その中の一つにして、メインの柱と言っていいのが「サプライチェーンの強靭化」です。

渡邊　4本柱とは、

（1）重要物資の安定的な供給の確保

（2）基幹インフラ役務の安定的な提供の確保

（3）先端的な重要技術の開発支援

（4）特許出願の非公開

で経済安全保障推進法によって、この4つの制度が創設されました。「サプライチェーンの強靭化」は（1）です。

小林　それによって他の国に握られるとまずい重要物資のサプライチェーンの構築を目指します。例えば半導体製造装置は、今、日本のストロングポイントですが、その生産に必要な素材の供給網を強化するということです。

具体的には現在、海外で生産しているものを、日本国内で作るという選択肢もある。また今、ある一つの特定の国からの輸入に頼っているものについては、供給元を多元化するということもある。さらにはリサイクル、備蓄、などさまざまな手法があるので、やり方は、それぞれ素材、部材に応じてということになります。
最大の目的は「重要物資の安定供給の確保」です。

サプライチェーンの強靭化とは

渡邊　２０１０年の尖閣諸島中国漁船衝突事件では、中国側が日本へのレアアース輸出を止めました。ところが日本の研究機関などが、従来の使用量の7分の1で同様の性能を達成する技術を開発します。その不断の努力によって特定の物質については備蓄が2年あったので全く困らなかった。最終的に中国側のレアアース輸出企業が潰れただけで終わったという事案がありましたよね（笑）。

小林　（笑）。

渡邊　レアアースの供給元は必ずしもオンリーチャイナではありません。ただし中国外から輸入すると割高になってしまう。その辺りをどうバランスしていくかという課題はあると思います。もちろん民間企業の問題ではあるのですが、アメリカなんかだと国防生産法で強制的に生産させたりすることもできる。ところが日本には安全保障のために民間を強制的に動員する制度がありません。

小林　おっしゃる通りで、日本の場合はそうした制度がありません。なので、経済安保推進法における「サプライチェーンの強靱化」というのは、「規制か支援かどちらのスキームか？」と問われれば、支援のスキームということになります。

例えば半導体にしても重要鉱物にしても、国が企業に対してやりなさいという風に規制とか命令をするものではない。重要物資の供給については国が支援するので「安定供給をちゃんと担保してくれる企業は手を挙げてください」と。手を挙げた企業には「計画を作って、国が認めたら支援を受けてやってください」と。ただし、政府支援には要件が付いています。緊急時には政府や国の求めに応じて供給量を増やす、平時も供給量を維持する、安易に他に売却しない、そういったものは要件としては付けています。

特定重要物資として2022年12月に11物資を指定して、2024年2月に先端電子部品、ウランを追加しました（次ページ図「特定重要物資の主な支援措置の内容」参照）。国から特定物質供給について支援を受けている企業は、有事対応をする義務があります。この指定物資以外のものについては、いざという時に作れるものではありません。

渡邊　ほぼ横断的に現在の情勢で重要な物資については網羅したということですね。ただ、

特定重要物資の主な支援措置の内容

抗菌性物質製剤（厚労）	**半導体（経産）**	**工作機械・産業用ロボット（経産）**
βラクタム系抗菌薬 ・原材料及び原薬の生産基盤強化、備蓄	従来型半導体、半導体製造装置、半導体部素材、半導体原料（黄リン、ヘリウム、希ガス、蛍石等） ・生産基盤強化、原料の供給基盤強化	ＣＮＣ、サーボ機構、ＣＮＣシステム、減速機、ＰＬＣ ・生産基盤強化、研究開発
肥料（農水）	**蓄電池（経産）**	**船舶の部品（国交）**
リン酸アンモニウム、塩化カリウム ・備蓄	蓄電池・蓄電池部素材 ・生産基盤強化、技術開発	エンジン（2ストローク・4ストローク）、クランクシャフト、ソナー、プロペラ ・生産基盤強化
永久磁石（経産）	**ｸﾗｳﾄﾞﾌﾟﾛｸﾞﾗﾑ（経産）**	**航空機の部品（経産）**
ネオジム磁石、サマリウムコバルト磁石、省レアアース磁石 ・生産基盤強化、技術開発等	基盤クラウドプログラム、高度な電子計算機 ・プログラム開発・開発に必要な利用環境の整備	大型鍛造品と原材料（チタン合金、ニッケル合金）、ＣＭＣと原材料（ＳｉＣ繊維）、ＣＦＲＰ原材料（炭素繊維） ・大型鍛造品の生産基盤強化 ・CMCの量産化に向けた研究開発・設備投資 ・炭素繊維の生産基盤強化
重要鉱物（経産）	**天然ガス（経産）**	**先端電子部品（経産）**
マンガン、ニッケル、コバルト、リチウム、グラファイト、レアアース、ガリウム、ゲルマニウム、ウラン ・探鉱、鉱山開発、精錬能力強化、技術開発	天然ガス ・戦略的余剰液化天然ガスの確保	積層セラミックコンデンサー（ＭＬＣＣ）、フィルムコンデンサー、ＳＡＷフィルタ、ＢＡＷフィルタ、製造装置、部素材 ・生産基盤強化、技術開発

経済安全保障担当「経済安全保障推進法に基づく重要物資の安定的な供給の確保（サプライチェーン強靭化）に関する制度について」（2024年４月）より

構築する側だけではなく、敵対する側が問題を提起するのが安全保障です。その一つが中国が制定した反外国制裁法での制裁です。反外国制裁法はアメリカのミラー法で作られていて、外国からの制裁に対する中国の対抗措置を定めた法律です。外国政府が中国に対して制裁を科したら、中国は何でもできるという乱暴な法律です。つまり、日本がアメリカの輸出管理に協力すると中国の制裁対象になってしまうというリスクがあります。

このリスクに対する対応はどのようにするべきなのでしょうか？

米中デカップリング時代の日中関係

小林　そこはまず政府が中国側とうまくすり合わせて…コミュニケーションをするということからしか始まらないですよね。

ただリスクについては、そういうことが起こりうる世界に入ってしまっている。それを見越した上で、それぞれの企業に対応していただくしかない。

その意味で、日頃から状況に合わせてオペレーションを少しずつ変えていただくことが、必要になってくると思います。ただ、そのことで実際に企業が何らかの損害を被ったとすると、現段階では訴訟のような形しかないかもしれませんね。

渡邊　米中のデカップリングが、そのレベルまできている。そういう認識が日本政府や、多くの国会議員の方々の中で、どの程度まで認識されているのでしょうか。

小林　経済安全保障政策に関与し推進している議員や担当者は、当然そういう危機意識を持っています。ただ、先生がおっしゃったように、そのことを議員全体で議論してという風にして、不要にエスカレーションさせる必要はないとも思います。中国は中国で重要なマーケットですし、日本の国益のために戦略的に活用しなければいけない。その関係の中で日本が何かやろうとした時には、当然のことながら相手からの……。

渡邊　リアクションがあると。

小林　はい。リアクションがあるわけです。当然、米中関係を意識しながら手を打つのですが、こちらにどれだけの切り札があるのかというところは、やっぱり冷静に見ながらでなければならない。

渡邊　そうですね。

小林　米中の関係と日中の関係は、違うものです。なのでまず将来に向けて他国が必要とするような「日本の強み」をどんどん増やしていくと同時に守っていく。そういうことが、当然必要なのです。だから、今、この瞬間に、何か感情に任せて何かこちらがアクションを起こす……。

渡邊　わけにもいかない。

小林　いかない。そうですね。

渡邊　台湾のケースで言うと米中の対立が激しくなっていく中で、2019年に製造業を国内に回帰させる「歓迎台商回台投資行動方案（台湾回帰投資行動方案）」を実施します。

コロナ禍で安倍政権は2020年4月に2400億円、同年10月に1600億円の補助金を用意し、国内回帰する製造業を募集しました。重要物資だけではなくあらゆる製造業の国内回帰を推進する政策については、将来的に行うことを考えていらっしゃるのですか？

小林　いやもうどんどんやらなきゃいけないと私は思います。

渡邊　そうですよね。

製造業の国内回帰を

小林　すでに今、やっていると私は認識しています。

今の大きな流れとして、製造業の国内回帰は経済安全保障の話だけではないと考えます。製造業こそが日本の根幹を支えてきて、これからも支え続けると私は思っています。そうした日本の製造業を支え、日本の雇用を守り、日本の経済成長力を強化していくという観点からも、やはり海外から国内にその立地を戻していくことは重要です。私としては国として、大きく支援していくべきだと考えております。

渡邊　国としてやらなきゃいけないことですが、問題があります。例えば中国の場合は、向こうで作った資産なりを持って帰らせてくれないではないですか。原則的に役員会全員の承認がなければ、中国から生産も撤退もできない。ところが役員会の中には必ず中国共産党の人が入るという構図になっている。

小林　そうですね。

渡邊　このような構図だから企業としては、撤退したくても撤退できない、人質状態になっているのです。中国進出については企業が勝手に日本から出ていったという話かもしれませんが、実際にはジェトロなどの機関がそれを推進していた。だから国の責任もあると思うんですよ。

この辺りはどういう解決法をお考えでしょうか？

小林　まず未来に向かって言えば、中国への進出については、さまざまなリスクがあるということを前提にしていただきたい。もちろん中国とビジネスをやめた方がいいとは思いませんが、付き合う時に「リスク」まで考えた上でやっていただきたい。中国に進出しようとする企業は、まぁ、今はだいぶ減ってきました。

ただこれは「これから」のケースで、すでに進出している企業についてはなかなか難しい。

渡邊　そうですよね。

小林　難しいと思います。

うか。

中国からの撤退は難しい

渡邊　一つの提案なのですが企業のバランスシート上には資産として乗っかっていますが、撤退するとなると全額損金になってしまうのが問題だと。この辺りは税制上の優遇措置とかを設けて、何年かで減価償却的な損金処理ができるようにすればいいのではないでしょうか。

小林　そこはあり得るのではないでしょうか。

渡邊　ですよね。逆に言うと、政府としてはそれぐらいしかできない。自発的に出ていった企業が戻る時に補助金を付けるというのもおかしい話で、有権者も納得しないでしょう。戻るとなれば国内に工場を作るのですが、その時に補助金を付けるのは「製造業の国内回帰」というロジックとして正しくて、そのことで損金はある程度バーターはできる。できるのですが、撤退時の一過性の巨額の損金、特損が発生するのを多くの経営者の方が相当恐れているので。その辺りは税制の仕組みを変えることで対応できると思うのです。

小林　そうですね……何かの形で国としてのサポートというのはするべきだと私は思いま

す。

渡邊 今、コンサルタント会社みたいなのが、中国撤退支援なんてやっているじゃないですか。民間なので玉石混交で、詐欺まがいのことが起こりかねない。ジェトロが中国進出を応援したように。政府機関なり、ジェトロなり、サプライチェーンを戻すセクションを作れば良いと思うのですが、どうお考えですか？

小林 それは十分あり得ると思います。

渡邊 そろそろ、やらなければならないのではないかと思いますが。

小林 そうですね。ええ。そう思います。

難しいのは、中国に限定することなく、海外から撤退する時の支援というのは確かに国としてやるべきなんだろうとは思います。一方で、中国のマーケットから全部撤退すればいいのかというと、そういうものでもないと思います。各企業の中でも線引きが重要で、「向こうに行って、別に戻ってこなくてもいい」というのであれば、その意思は尊重しなければなりません。その一方で、向こうにどのような技術や製品を持ち出すのかというところは、冷静に見なければならない。

渡邊 私が中国を強調するのはトランプ時代には米中デカップリングが、現在より厳しい状況になるからです。アメリカは対中輸出に自国原産由来の技術、素材が何%入っているのかで規制します。

お目こぼしも許されない

渡邊　かつて特定製品を対中輸出する際の米国原産比率は25%まで許容していました。「1%でも入っていたらダメ」という風にルールを厳格に適用せず、「遊び」を持たせることをデミニマスルールと呼びます。ところが25%だった割合は、10%に下がり、現在ではちょっとでもアメリカ原産の技術、部材、製品が入っていれば輸出を許可しないという流れになっています。

小林　だんだん厳しく…。

渡邊　なっていますよね。

小林　ええ。

渡邊　こうなると日本の製品もアメリカの輸出管理規制にひっかかることになります。というのは例えば半導体設計などは日本製ですが、技術などの部分においてアメリカ原産の技術が入ってしまっているからです。

小林　ただ、そこはですね。外交ですから。日米の間には、やはり政府間の太いパイプがあります。

渡邉　調整できますか？

小林　調整できると思います。起こらない方がいいのは当然ですが、これから米中の間でいろんなことがもうすでに起こっています。例えば今、アメリカが対中輸出で問題視しているＡＩ向け半導体や、半導体装置などについて、米中間でいろいろアクションが起きています。

渡邉　周辺状況も変化していますよね。

小林　韓国は対象になっているけれども、今は、日本は対象から外れているとかですね。日本が輸出管理を丁寧にやってきているという実績もあると思うのですが、日本は日本なりに工夫をしながらやっていくしかない。政府としてはアメリカという同志国と、しっかりコミュニケーションして取り組んでいくということしかないと思います。

渡邉　とはいえ楽観視は全くできなくて、かなりしんどいところまで米中の対立ステージは上がっていますよね。

小林　そうですね。

経済安全保障教育

渡邊　例えば「ＨＢＭ」はＡＩ技術に欠かせない広帯域メモリーです。２０２４年12月２日、アメリカ政府は韓国やシンガポールなどの国が「ＨＢＭ」を中国に輸出することを事実上禁止しました。２０２４年12月時点で、アメリカの中国の半導体産業に対する取り締まりは、３年間で３度目です。

この厳しい状況を国民レベルでどこまで理解できているのかは疑問です。学校や大企業、中小企業など置かれているセクションによってかなり温度差がある印象です。

学校等の授業では経済安全保障について、まだほとんど取り組んでいないのではないでしょうか。

小林　今は、そうですよね。まあ大学とかだと少し。

渡邊　大学で（笑）。

小林　私の事務所には高校生の時から経済安全保障に興味を持って、インターンを希望してきている大学1年生がいます。もちろん、この方は特別なのですが、おっしゃる通りで、世の中で「経済安全保障」、「輸出管理」が一般的知識であるとは言い難い。とはいえ、数年前と比べれば、これだけ「経済安全保障」という言葉が使われるようになっているので、それに比例してリテラシーは少しは上がっていると思います。

こうした意識の問題もまだまだです。政府も底上げはされていると思うのですが、やはり省庁間によって温度差があるので、まだまだじゃないでしょうか。

渡邊 一般社会の中の温度差をなるべく早く、小さくしなければならない。

小林 大企業だけではなく、中小企業ですね。本当に素晴らしい技術を持っていたりします。そうした企業が、本来国益に沿わない形でいつの間にか買収されたとか。そういうことがあり得ますから。

渡邊 「国宝」という言い方は大げさではないと思います。

小林 ええ、そうです。

渡邊 国宝でしたら売却、売買をする時に文化庁の許可が必要になる。「国宝」に等しい民間技術をどうやって保護していくのかというのは大きな課題でしょう。

そうした時に官と民が連携しなければならないのですが、非常に難しいのは日本が資本主義の自由主義国である点です。国益のためとはいえ、強要することができないので。

既存枠組みでは対応不可能

小林　これまで外為法やワッセナー・アレンジメントなど、いろいろ管理をしてきたわけです。また企業に対する外国などからの投資審査もやっています。しかし明らかにそれだと足りません。

まずワッセナーは42カ国で構成されて、参加国全一致で合意されたものを各国が国内法に反映して実施する仕組みです。その参加国にロシアが入っていたりしますから……。

渡邊　その枠組みの運用はもう無理ということですね。

小林　ですから有志国が連携しなければならないという話です。輸出管理も、これまで安全保障上の縛りの中で、「こうした技術は輸出管理対象ですよ」と指摘しながらやってきましたが、果たして本当にそれで事足りているのかは疑問です。例えば外為法を改正するのか、あるいは新しい法整備をするのか——そうしたことはできるとしても、もう少しカバレッジを広げていかないと、民間の技術というものが国益を損なうような形で出ていってしまう。

もちろん規制、規制を行うと、それはそれで自由な活動を阻害する。ただバランスを取るポイントが安全保障の方に寄ってきているとは思っています。合わせて法体系もアップデートしていかないといけないというのは、私から、例えば経産省や政府に対して言っていることです。

渡邉　これまで経済合理性の追求を中心にした自由と規制のバランスが、安全保障側にシフトしてきているということですね。技術の所有者は民間ですが、我が国にとって非常に重要で守らなくてはいけない。けれども民間なので財産権などの問題があって、国としては手を出しづらい。

この辺りのすり合わせ議論はこれからということでしょうか。

共同開発国はホワイトリストで

小林　そうだと思います。

例えばですね。まだ将来の技術ですけれども、私が最近、中長期で注目しているエネルギーが「核融合」です。「核融合」については日本が素晴らしい技術を持っているので、今、日本では核融合のスタートアップが結構出てきています。こういうスタートアップをアメリカは「ああ、いいね」と見ていて、「DOE（Department of Energy の略でエネルギー省）からお金出すからやってよ」という風になってしまうと、アメリカの縛りがかかってしまいます。

渡邊　はい。出来上がってみたらアメリカの占有技術というオチですね。

小林　ところが、今の段階で「核融合技術」は基本的に外為法の対象ではないわけです。もちろん、このような技術に対して、最初から規制の網をかけるのもどうかとは思います。一方で、「ただ自由だけを優先する今の状況で本当にいいのですか？」というと、そこは違うと思っています。

渡邊　はい、おっしゃる通りです。技術面でも共同開発できる国をリスト化するホワイトリスト方式にするというやり方はありますよね。

小林　それはあると思います。ええ。

渡邊　直接、当事国を名指しして禁止するブラックリスト方式だと多方向に問題が起こりますが、ホワイトリスト形式だとマイルドですから。

小林　まあ、アメリカみたいに、規制対象国を名指しで指定していくっていうことは難しいので、日本としてはホワイトリスト方式ですかね。

渡邊　技術分野もホワイトリスト方式にしておくと、ホワイトリスト以外の国は全部排除ということになりますから。それしかないですよね。

小林　そうですね。ただ最近難しいのは迂回輸出のような案件も出ていることです。ウクライナ侵攻では、ホワイト国と思って輸出したら、いつの間にか迂回されてロシアの兵器に組み込まれていたという話があります。ホワイト国指定の実効性をどうやって担保していくかっていうことも課題です。

渡邊　おっしゃる通りです。再輸出の問題では深刻です。ウクライナ侵攻ではアフリカ、中央アジアに売られたものがそのまま転売されているというようなことが常態化しています。現地通貨同士で決済してしまうので、見えない形の貿易取引が行われてしまっているので、迂回、再輸出は国際的に取り組まなければならない課題と言えるでしょう。TSMCが安全だとされている中国企業から協力を受けたAI半導体を買ったところ、実はNVIDIAのコピー品だったということがありました。日本も製造機械や、製造過程にかなり関わっているので考えていかなければならない課題です。

セキュリティ分野に浸透する中国製品

渡邉　まあ、そのような状況の中ですね、日本が今やらなきゃいけない大きな問題として日本国内のセキュリティ問題があります。例えば防犯カメラですが、アメリカのSDNリストに載っているハイクビジョンのカメラが国内に溢れています。これについてどう思われていますか？

小林　良くないですよ。

渡邉　6割近くのシェアを持っていますよね。

ラベルは日本の有名警備会社なのに、中身はハイクビジョンというパターンです。2024年12月には、アメリカの国防総省や司法省、商務省などがWi‐Fi機器メーカーとして世界1位のシェアを誇るTP‐Link製品にセキュリティ上の懸念があるとして調査を行っていることが明らかになりました。2025年にアメリカでTP‐Linkのルーターの販売禁止措置が執られる可能性が指摘されています。

この辺りのセキュリティ問題について、日本政府としては対応しなければならないと、

第2章 新冷戦時代の日中関係

個人的には思うのですが……。

小林　対応しなきゃいけないと思います。ただ、対応しきれていない現実ももちろんあります。急がなければならないのですが、一つ一つ、ステップバイステップでやっているっていう状況です。

私は基本的に安全保障上、慎重な立場に立って考えるスタンスです。リスクマネジメントということで、例えば特定の国の特定のメーカーの監視カメラに対し、社会全体でいきなり網をかぶせるというのは良い方法かもしれませんが、現実面でそれを政府が実行するのは難しい。

なので、まず少なくとも政府調達については、しっかりと縛りをかけていくところから始める方が現実的だと思います。それでも、そういったセキュリティに対する意識も足らないながらも、徐々に改善はされてきてはいると思いますね。

渡邊　無線通信機器は技適（『技術基準適合証明』の略称）が必要なので、技適を出さなければ必然的に採用できないという単純な方法で対応できますよね。

小林　そうです。

包括的データセキュリティの構築を

渡邊　個々の製品だけではなく「プラットフォーム」というもっと大きなところでも問題が生まれています。その一つが海運の荷主を国際的につなぐデジタルネットワーク「ＬＯＧＩＮＫ」です。「ＬＯＧＩＮＫ」は「ワンストップ物流情報サービスプラットフォーム」を自認しています。中国政府は「ＬＯＧＩＮＫ」を通じて、どのような製品が、どのような価格で、どこを移動しているのかを知ることができます。企業や国が商業的、戦略的に優位に立てる可能性が指摘されていて、アメリカ政府はこれを問題視。国防総省が「ＬＯＧＩＮＫ」を含む「対象物流プラットフォーム」にデータを提供する事業体と契約することを禁止しました。

またアメリカ商務省は、ネットに接続して運転支援などをする「コネクテッドカー」について、中国、ロシアのハードウェアやソフトウェアを使用した車両の輸入や販売を禁止する規制案を発表。さらにレベル３以上の自動運転車への中国製ソフトウェア搭載を禁止しました。

その理由は安全保障上の懸念があるからです。

このようにアメリカは政府機関が中心になって、中国に対する安全保障環境を整備しています。日本政府が今すぐこうしたことをできないことはわかりますが、少なくとも自民党内で議論はされているのでしょうか？

小林　しています。あとは一国会議員として、どこまで、どの範囲に対して発言をするのかという問題があります。すでに私は２０２４年の国交委員会では、物流データや、自動運転などの経済安全保障上のリスクを質問しました。国会の質問は国民の皆さんに見ていただくことを前提に行われていますので、私なりにそこは世の中に対してその警鐘を鳴らそうとはしております。

データセキュリティの話などは極めて重要なので、党内では当然、議論をしております。ただ法整備も含めて、どういう規制体系にするのかという具体的な形には至っていませんが……。いずれのご指摘の問題も含めて、自民党の経済安全保障の幹部会、インナーがあって、相当以前から、議論を重ねております。

デジタル庁が開発したデータプラットフォーム

渡邊 第2次トランプ政権が開始すると、第1次の時に取り組んでいたクリーンネットワーク構想が、復活すると私は予測をしています。具体的には中国製品をサーバーから全て排除するなど、かなり苛烈な構想です。

そうした中で、2024年8月からアメリカ政府が問題にしているのが、クラウドサーバーです。米政府は中国軍の能力を制限するために、中国へのハイエンドAIチップの輸出を制限してきました。ところが中国政府系企業は、Amazonなどのアメリカ企業が提供するクラウド・サービスを利用して、他では入手できないハイエンドAIチップや人工知能機能にアクセスしていることがわかったのです。

日本国内にあるサーバーも当然、中国のターゲットになる可能性があるのですから、この部分のセキュリティをどうやって構築していくのかというのは、疑問です。

小林 う〜ん、日本は人材のその育成や確保も含めて、まだまだこれからだと思いますよ。受動的に守ってばかりだと、行き着くのは「中国と名の付くものは使いません」という対応策にしかたどり着きません。ところが、それはそれで、サービスとしては良い場合もあるのです。

それよりは、日本自身が、例えばアメリカと連携して、データのプラットフォームをどう作って、どう広めていくかなどの、そういう「攻め」の対応も考えていかないといけないのではないでしょうか。一方的に中国が作ったプラットフォームを拒絶するのではなく、日本側が逆に構築して展開していくような能動的対応です。

アメリカや日本が、リスクの高いとされる製品、サービスに手を出さないとしても、「安くて、便利だったらいいじゃないか」という国はたくさんあるわけです。そうした国が、日米で「リスク」としている製品、サービスをどんどん使ってしまえば、国際社会全体では、日米が使わなくなったプラットフォームが広がっていくことになります。それは国際秩序全体にも影響を与えることになるので、そうした数の競争には負けられないわけですよね。

だから例えば先ほど海上輸送コンテナの「LOGINK」の話をされました。しかし私たち自民党の安全保障グループは、データプラットフォームの問題については、実は2017～18年くらいから認識しておりました。あまりこういうことを言ってはいけないのですが、当時の政府の動きは重かった。自分で法律作った方が良かったなと思っているのですが、ようやく一部の産業分野では前進し始めました。

例えば自動車の部品サプライチェーンがそれですね。経産省デジタル庁が「ウラノス」というデータプラットフォームを作り始めていて、それを東南アジアを含めて展開していこうとしています。そういった日本初のプラットフォームというのは、なかなかないのですが、それをどんどん広げていこうと。基本的に独自構築しているプラットフォームですので、リスクフリーを達成しやすいと言えるでしょう。

渡邊 名古屋港は5つのコンテナターミナルおよび集中管理ゲートが統一のコンピュータシステム「NUTSシステム」で運用されています。ところが2023年7月に、ランサムウェアによるサイバー攻撃で「NUTSシステム」が停止。およそ3日間にわたってターミナルの操業が停止しました。貿易総額が年間約21兆円規模の港が、サイバー攻撃で稼働不可能になるようなことが、日本でも起こっているわけです。

次世代通信規格の主導権を

小林　こうしたサイバー攻撃を防ぐためにもクリーンネットワーク構築は非常に重要だと考えます。ネットワークをクリーンにするためにアメリカが名指していたのが中国の通信機器大手「ファーウェイ」の排除です。

現在の5Gはシステム面でファーウェイ、ノキア、エリクソンの三陣営がしのぎを削り、クアルコム、サムスン、メディアテックなどが通信チップを作っています。ところがファーウェイはシステム、基地局、ネットワーク、端末など5Gの全てを自社で賄えるため、コストも安く、システムごと販売できる特徴がありました。中国は政府がファーウェイを直接コントロールし、官民軍一体の構造を作ることで国際マーケットで優位性を担保します。

対して自由主義陣営の西側では各企業が競争します。基地局においてはインテルとノキア、NECとサムスン、富士通とエリクソン、ネットワークは各携帯電話会社、端末は各メーカーとバラバラな状態だった。こうなるとコスト的に割高になり競争力を保てないば

国際電気通信連合（ITU）の概要

■電気通信に関する国際連合の専門機関（ITU : International Telecommunication Union）1865年設立
■主要任務は、①国際的な周波数の分配、②電気通信の標準化、③途上国に対する電気通信の開発支援
■本部：スイス・ジュネーブ　193の国・地域が加盟
■日本は1959年以来、理事国（48カ国）に選出
■日本は米国と並び最大の分担金拠出国（30単位（約11億円））
■1999年～2006年の事務総局長は、旧郵政省出身の内海善雄氏

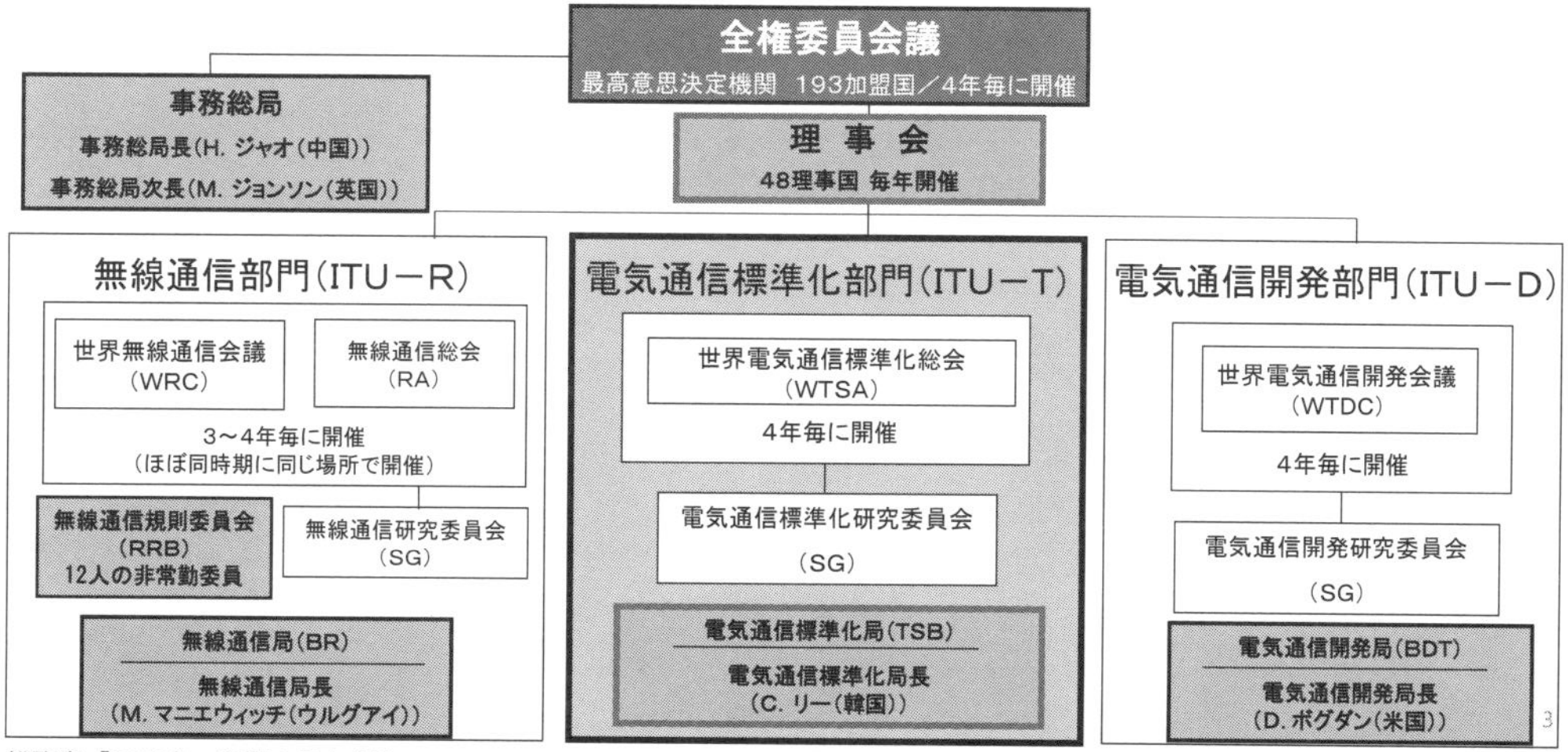

総務省「2022年　通信白書」より

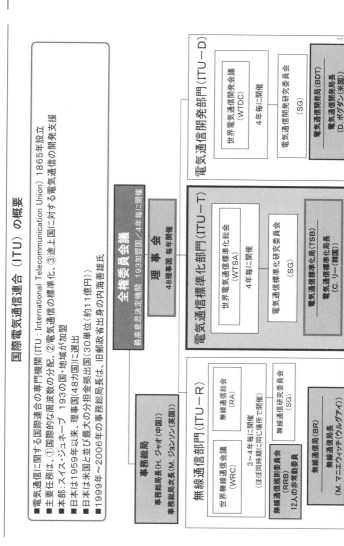

かりか、規格の面でも相性の問題が発生しています。
そこでファーウェイに対抗するために、NTTを中心に横の壁をなくすオープン化を実施して、それぞれが技術や情報を共有できるように構造を変えていきました。コスト的にはファーウェイと勝負できるくらい安くすることに成功します。

小林　確かにだいぶ安くなりました。

渡邉　5Gにおいてファーウェイが優位性を得ることができた、もう一つの大きな理由が「自社に有利な国際規格」を作ったことです。その「規格」を決定する国際電気通信連合（ITU）のトップである事務総局長を8年間にわたり中国人が担っていたからです（前ページ図「国際電気通信連合（ITU）の概要」参照）。
2022年9月26日から10月14日、ルーマニアのブカレストで開催された第22回ITU全権委員会議では次期事務総局長、次期事務総局次長、次期電気通信標準化局長選挙が行われた。激しい戦いの結果、事務総局長にドリーン・ボグダン＝マーティン氏（アメリカ）、事務総局次長にトーマス・ラマナウスカス氏（リトアニア）が選出されました。通信規格を決める電気通信標準化局長には、日本人で「LTEの父」と呼ばれる尾上誠蔵氏が選ばれました。

こうして中国が進めようとしていた通信規格であるネクストIPや6Gの規格化過程での中国メーカーの優位性はなくなったのです。

次世代の6GではNTTが発表した『IOWN《アイオン》（Innovative Optical and Wireless Network の略で「革新的光・無線ネットワーク」）構想」を中心に国際的アライアンスが組まれています。国益を考えた場合、日本も主導する立場で次世代以降の「通信」を西側全体で構築しなければならないと考えます。

第3章　霞が関にある「壁」

日本版「COTS」を

渡邉　さて技術の話ですが、残念なことに日本はソフトウェアが弱い。

小林　ソフトウェアが弱い。弱いですね……。

渡邉　「ものづくり」の文化もあってハードウェアは確かに非常に良いモノを生み出せます。ソフトウェアでは、そうした日本人の性格が逆に作用してしまっている。日本人は完全完成品の製作を追求しますが、ソフトウェアは走らせながら修正していくモデルです。もちろん日本製ＯＳ「ＴＲＯＮ《トロン》」のような例がないわけではありませんが、ソフトウェアの開発力強化は必要だと思います。

小林　確かにソフトウェアは弱い気はしますね。少し話がズレてしまうのかもしれませんがソフトウェア、プラットフォーム、クラウドなど基幹の部分は、今、アメリカのＧＡＦＡＭなど巨大ビッグテックが構築したシステムの上に乗っからざるを得ない状況で、データも吸い取られています。

私は現在のこうした状況を国益上、決して好ましいものとは思っていません。もちろん日米は同盟国なので、両国の信頼関係は当然強固です。ですが、日本も自分でできることは自前でやるべきだと思うのです。たとえ時間がかかったとしても、できるだけ自分たちの自力を高めていく。そのためには私は国が投資をすべきだと思っています。

そこで民間企業が自分勝手に自由に開発して…と言ってもそれは無理です。

私が2024年自民党総裁選の時にずっと言っていたのは日本版COTSです。アメリカでイーロン・マスク氏のスペースXを育てた開発支援と政府調達を組み合わせるプログラムが「COTS」で、それの日本版です。

ソフトウェアでも、プラットフォームでも。この国として国家プロジェクトとして必要な技術、サービスについて意欲のある企業や人に研究開発費をお渡しする。その競争に勝ち抜いた人を、政府が支援すると。そういう形で「競争」という要素を組み合わせながら、一定程度、国が資金提供をして、リスクを取るような形で応援していかないと、スタートアップからのイノベーションは起こらないと思います。

渡邊　おっしゃる通りですね。

小林　日本版COTSを実現しないと、「日本はソフトウェアが弱いですね」、「あ〜そうですね」で終わっちゃう（笑）。

渡邊　終わっちゃうと困るわけですから。支援という意味では科学研究費、略して「科研費の問題」が、菅義偉政権時の日本学術会議問題以降、トピックになることが増えています。あえて乱暴な切り方をすると、私は基本的に人文科学系には科研費は必要ないと考えています。

学術会議も態度を軟化する状況

小林　ハハハ。文系、理系に限らず「科研費」も含めてリソースを研究、開発に投入するのであればドンと投下したいですよね。

渡邊　審査の部分の問題が大きくて、理系より文系に多くのリソースが割かれていることは、バランスという観点から考えてもおかしいわけじゃないですか。国益、安全保障という意味では防衛省に、一定の科研費を与えるなどの大胆なリソース再編があってもいいと考えます。

小林　防衛省に文科の予算を？

小林・渡邊　（笑）。

渡邉　防衛省も「安全保障技術研究推進制度」を防衛省ファンディングと名付けて科研費の枠を持っているには、いるのですが……。

小林　科学研究予算で言うと、その中の防衛省が占める割合というのは極めて少ないのが現実なのですよね。

渡邉　科学者の国会とされる日本学術会議は、1950年と67年に戦争と軍事目的の研究を拒否する声明を決議、2017年にも「軍事目的のための科学研究を行わない」と声明の継承を決定しています。長く日本学術会議が日本共産党の事実上の出先機関であったことは付言しますが、学術会議のメンバーが科研費の審査をしているのですから国防や安全保障系の研究に科研費が付くような構造になっていなかったわけです。

小林　私は2021年に科学技術政策担当大臣に就任したのですが、約半年、当時の学術会議の会長を含めて幹部の方々と膝詰めで相当議論をしました。軍事研究というものについては学術会議の成り立ちもあって、「やります」と言っていただけないのですが、デュアルユース（軍民共有）、マルチユースなどの研究についての考え方は共有することができました。

渡邉　かつてあった音楽ディスクCDを読み取るレンズの技術が、ミサイルの目の技術に転用できるなど、1980年代くらいから科学技術は軍事と民間の境界線が曖昧だったのです。そうした現実があるのにもかかわらず学術会議が軍事だけを禁止するので、民生用の技術開発まで硬直してしまった。

小林　学術会議の顔色を窺いながらということで、大学の現場が冷え込んでいましたので、正式な文書で「デュアルユースの研究開発というのはもう不可欠な状況で、それをやらなければ日本は二流国、三流国になります」という旨を私が伝えたところ、学術会議側も「それはそうです」ということになりました。

２０２２年７月に梶田隆章会長が担当だった私に、

「科学技術を（軍事への）潜在的な転用可能性をもって峻別《しゅんべつ》し、その扱いを一律に判断することは現実的ではない」

という見解を書面で示してくれました。そのことで一気に大学の現場が氷解するということではないのですが、大学によって温度差こそあれ、少しずつデュアルユースの研究も活性化してきた印象です。防衛省ファンディングに応募する人たちっていうのは少しずつ増えているので、その流れを止めずに、むしろ急いで加速させなければならない。

拡大するデュアルユース領域

渡邊 急がなきゃいけないですよね。国防という観点から見れば戦争のやり方は大分変わってきたことが大きいからです。2020年のアゼルバイジャン・アルメニア間で起きたナゴルノ・カラバフ紛争では、「ドローン」が多用されました。空爆によってレーダー施設を破壊して航空優勢を作り、その後、航空支援を得た地上部隊が侵攻する——これは強大な戦力を持つ米軍しかできないことでしたが、ドローンによって小国でもできることが示されてしまったのです。

ロシアによるウクライナ侵攻ではナゴルノ・カラバフ紛争以上にドローンが活用され、国防費でみると約10倍の戦力差があるロシアの侵攻を、ウクライナが止めています。

科学技術から見たドローンの特徴は「デュアルユース（軍民共有）」である点です。安価に大量生産を可能にする民生技術を、軍事転用した。その完成形とも言えるのが段ボールドローンです。

現状、防衛省もUAV（無人機）を導入したりしておりますが、ドローンは海外製のも

のに頼っています。日本の海岸線は世界で6番目に長いということで、海外の防衛装備品を転用するだけでは限界があります。

日本の国土に適合する防衛装備品の開発の議論は行われているのでしょうか?

小林　防衛省に対しても、常に政治のサイドからの確認、助言、警鐘、提言などは問題意識を常に投げかけていかなければならないと思います。戦争自体が変わっているのはもう自明のことですし。

渡邉　確かに防衛白書ではこれまでの陸海空の3領域ではなく、宇宙、サイバー、電磁波を新領域として設定。このようなグレーゾーンで優勢を取る方向にシフトしようとはしています。

小林　ドローンについても飽和攻撃に対して「面」で対応するゾーンディフェンスのような技術も海外では生まれてきています。防衛省は防衛装備品の研究開発について、他国の技術を買うというのも含めて考えてはいると思います。

渡邊　海外からの調達という部分で問題になるのが為替ではないでしょうか。急速に進んだ円安の効果で防衛装備品が調達ができないリスクが出てきました。また既存の防衛装備品についても、ライセンス契約費が高騰しています。昨今の為替事情を含めた予算化の必要があると考えます。

小林　政府にその問題を尋ねると、政府は「為替レートの差を飲み込むぐらいの効率化・合理化で対応します」とは言います。

渡邉　為替だけではなくインフレも加わりますので。

小林　当然、効率化・合理化だけで対応できるとは思えません。そうなると、予算を増やすしかない。

渡邉　増やすしかないですよね。だって合理化というのは何かを削るという話で、削りようがないのですから。

小林　そうです。だったら最初から削っておけよという話です。

渡邉　そうですよね（笑）。

小林　必要なものは、保有していなければならないのです。

渡邉　そうした部分については、国民に説明して、納得してもらうという話に尽きると思います。

小林　これだけ厳しい安全保障環境ですから、ご理解いただけると思うんですけど……。

政治と説明

渡邊　安全保障関連に限らず「説明責任」という部分が、これから政府に問われてくるかなと個人的にはイメージしております。

小林　政治が、政治家がちゃんと前面に立ってメッセージを国民に伝える。それこそが政治の仕事であることは間違いありません。

渡邊　好き嫌いは別にして、トランプ大統領のアピールは明確ではないですか。日本の政界で政策アピールをした人はそう見当たらず、近年では安倍晋三先生が総理の時にあったという印象ですね。

小林　まあ、そうですね。ここ最近、政治の役割が果たせていないのではないかと思われてしまうのは、「どういう国を作りたいんですか?」という国民の皆さんの疑問に対して、ビジョンが明確に示されていないところが大きいと思います。「安全保障・防衛で、国はどういう方向性、方針で取り組むのですか?」といったような疑問があります。それについて、「安全保障戦略読んでください。書いておりますので」という答えはその通りなのかもしれない。それでも政治家の口から国民の皆さんに対しよりわかりやすいメッセージを送ることは、必要なのだと思いますね。

渡邊　結局政治の一番の仕事って、国民の生命・財産・安全を守ることとって、これに尽きる。

小林　はい、国益の中核はそこですね。

渡邊　そうですよね。国益の中核は国民の生命・財産・安全を守ることですよね。その実現のために何をしなければならないですよ、と国民に説明する責任、義務はあると思います。

２０２４年10月衆院選で国民民主党が提起した「１０３万円の壁」問題にしても、実現するためには反対側で財源がなければならないじゃないですか。単に金額だけ釣り上げて煽って、「税金が安くなればいいや」という単純で乱暴な話でもない。ところが、この問題についても、政治はきちんと説明できていないと、私は感じておりまして……。

安全保障に関しても「中国」という国名を出すことがいいか悪いかは別にして、厳しい安全保障関係にあるというのはこれ事実でしかない。海を支配されてしまったフィリピンが実例としてあって、台湾に対しての圧力は日々強くなり、日本の尖閣諸島に対しても圧力がかかっています。２０２３年６月の人民日報トップ記事で、習近平氏が「沖縄は近しい」と発言して以来、沖縄は元々中国の領土だというキャンペーンを始めているのです。既成事実化して、収奪するのは彼らの手口で、この危機的状況を、国民にちゃんと説明をしていないし、説明していたとしても伝わっていない。

今まで都合の悪いことは知らしむべからずが、いい政治だとされていた部分が大きかったと思うんですが、知らしむべからずじゃダメなのではないかと個人的には思います。先生はどう思われますか？

リスクを伝えない危うさ

小林　正面から伝えるべきだとは思いますよ。ただ、政治家――特にトップリーダーが国民に発するメッセージは、当然、他の国も見ています。リーダーには戦略的な発信も必要で、その意味では、事実を事実としてそのまま伝えることが本当にいいのかという問題は常にあります。

そこで重要になるのが「伝え方」ではないでしょうか。

どこの政治家の地元にも、

「財政状況はそんなにいい状況じゃない。だったら防衛なんかよりも子育てとか教育に使うべきなんじゃないか」

と言う方は一定数いらっしゃいます。本来は「生命・財産の安全」が高いレベルで担保されなければ、経済発展もないのですが、そうした場合の伝え方ですよね。現在、日本が置かれている状況、「台湾」の重要性の意味が伝わりにくければ、「シーレーン」という言葉に言い換えるとかですね。

渡邉　資源・エネルギー貧国日本にとってシーレーンは生命・財産を守る要ですから。

小林　仮に日本のシーレーンが他国に抑えられて機能しなくなったら何が起こるのかという説明ですよね。もちろん自分たちの手の内を見せる必要はないのですが、ただ、国民の皆さんには、現在どういうリスクが内在していて、リスクが本当に顕在化した時に日本の経済はどうなるかとか、私たち一人一人の国民の暮らしにどういう影響を与えるのかというところは、もう少しメッセージとして発せる部分が私はあると思いますね。

渡邉　そうですよね。台湾問題に関して言ったら、僕も台湾に2カ月に1回行っていて…。

小林　結構行かれていますね。

渡邉　頼清徳さんとか、内政部長の劉世芳さんなどと近しくさせていただいておりまして。そうした方たちが来日した際には、一緒に食事をさせていただいております。

安倍元総理は2021年に「台湾有事は日本有事であり、日米同盟の有事でもある」と台湾で開かれたシンポジウムにオンラインで参加して発言されました。実際に台湾が奪われてしまえば、距離的に近い尖閣や与那国島、石垣島周辺の侵略リスクが顕在化してしまいます。

小林　そうですね。

渡邊　その辺りの認識を全く伝えない、国民の多くも見ていない、報道も全く報じない。NHKのあり方自体がおかしいから報じないのかもしれませんが（笑）。

小林　ハハハ。

政府専門チャンネルの必要性

渡邊　政府方針の伝え方という意味で日本は官房長官がスポークスマンを併用しています。アメリカなどスポークスマンがいる構図なのですが、広報体制の点でご意見があれば。

小林　私は別に、今の体制でも、いいと思います。ただ、その一般論として言えば官房長官の発信自体が問題になって、本質的な部分が伝わらないことはあると思います。

渡邊　官房長官は職務範囲が非常に広いですよね。だから各分野専門のスポークスマン的な人を使うことの善し悪しは議論されてもいいのではないでしょうか。

小林　それはもう各省の担当大臣が責任持ってやればいいと私は思います。適材適所で一番詳しいとされている人が説明するというのが、本来あるべき形だと思いますので。繰り返しになりますが、やはり政治家は自分の口で説明するべきだと私は思うんですね。もちろん報道官なり広報官を入れるというアイデアを排除するということではないのですが、現在の仕組みでまだまだ、うまくできると思っております。

話がズレてしまうかもしれませんが、政府の発信の方法として、私がやるべきだと思うことは、「総理の国民に対する直接的な発信」です。この国は、それが少なすぎると思いますね。先ほどのトランプ大統領の話もそうですが、「国をどうやって守るか」という話も含めて、やはり総理が直接、国民に対して自分の言葉で発信するっていう機会を、日本はもっと増やした方がいいと思います。

渡邊　定例の記者会見を増やすと。

小林　定例の記者会見ですかね…まあ、ゴールデンタイムに総理が国民の皆さんに向けて「日本をどうしたいか」という意見などを発信することが年に何回かあってもいいと思います。

渡邊　ゴールデンということはテレビですか？

小林　まだ私案の段階で具体的に煮詰めていないのですが、政府がネット上でいろいろと発信するのはいいことです。ですが、地上波で政府専用のチャンネルを持てないのかなと考えております。

渡邊　そうですね。

小林　ネットではなく地上波の「専門チャンネル」で政府の発信を放送すると。

渡邊　確かに政府広報はありますが、それが機能しているかは疑問です。

小林　日本の国民は優秀ですので、きちんと伝えれば、伝わるはずです。もちろん発信もしているのですが、国民がその情報を受け止めて、行動として反映させるかというと、そこまではいっていない。

政治家は自分の口で伝えるべき

渡邊　これだけ中国の脅威が伝えられていたのにもかかわらず、沖縄県那覇市でミサイルを想定した避難訓練が初めて実施されたのは、２０２３年１月のことですから。

小林　そういう意味では伝えることを専門にした報道官なり広報官はいてもいいかなぁ…とは思うのですが、やはり政治家が自身の口で伝えるべきです。

渡邊　いわゆる「情報を精査する」という建て付けでマスメディアが間に入って切り貼り報道をしたり、伝えなければいけないことを伝えないという現実があります。やはり私はＮＨＫは改革も含めて、本当にＮＨＫが今の形態で必要なのかなど、大胆なテーマで議論をしていかなければいけない時期が来ているのではないかと思っているのです。

小林　う～ん……ＮＨＫですか？

渡邊　本来はＮＨＫがやるべきだからです。税金のように国民から強制的に受信料を徴収しているのですから。

小林　政治がどこまで口を出していいものなのか、わからない部分がありますよね。

渡邊　悪夢の民主党時代…つまり、自民党の下野時代に国営放送を作るという話が出ていました。政権を取ったらその話は立ち消えになってしまった。国際放送のようにＮＨＫの持つ電波枠を融通させて、日本政府の専用チャンネルにするなどの議論はあってもいいと私は思います。

小林　ＮＨＫの件はともかく、政府広報の専門チャンネルを持つ必要があるという問題意識は私にもありました。

渡邊　結局、今までのように放送媒体を間に入れると、政府の意図が伝わらず、ミスリードされてしまうことがあまりにも多すぎるではないですか。政府の意図や立場を明確に伝えることができないことが常態化している。「表現の自由」を盾にした人たちがコメンテーターやキャスターとして間に入ることで、テレビは歪んだ情報源になっている印象です。

これを是正するには、地上波であればＮＨＫの枠、週１回、ゴールデンタイムの１時間でも「政府広報」という枠を作って、正確に説明するべきだと私は思います。

情報の曲解が常態化している

渡邊　今回アメリカの大統領選では「トランプ惨敗　カマラ・ハリス圧勝」が多くのテレビでコメンテーターを通じて大合唱され、トランプ圧勝の瞬間スタジオがお通夜状態になったことが話題になりました。

状況を正確に読めばせいぜい拮抗なのですが、情報がかなり歪んで、メディアによって選ばれた形で発信されていることが明らかになった。国民民主党が「目玉」として掲げた

「103万円の壁問題」も同様で、財源を考えないで、単に「178万円まで上げる」という話になっていってしまった。

説明が足りないので、国民が理解できてないのです。

恒久的な政策には恒久的な財源が必要である——これが原則です。短期的な景気対策などは財源なしで実行できても、中長期的政策には通用しません。いつかは破綻しますから。端的な例はイギリスです。2022年9月6日にリズ・トラス氏が首相に就任しましたが、唐突に減税を掲げたことで株・為替・債券のトリプル安を招いてしまい、結果的にたった45日で退陣することになりました。

このように単純な減税政策はリスクが伴うのに、国民は理解できていない。国民民主党の政策は言ってみれば「春闘」で、財源という現実問題を議論しようとする自民党保守系が叩かれるという悲しい展開になっています。

小林 そうですね(笑)。おっしゃるように説明されていないと思いますよ。

その説明をしっかりとするためのチャンネルを持つ必要はありますし、そのプラットフォームは何らかの形で国なり、政府なりが持っておくべきだと思いますね。

渡邊 電波の現実を考えれば衛星放送です。BSは今ガラガラで、CSに至っては赤字で誰もやりたがらない。ＢＳの枠を政府チャンネルとして、一波持って継続的に国会中継を流すだけでも状況はだいぶ違うと思います。

小林　そうなんです。最初、私は地上波で、と考えていたのですが、国会中継を継続して放送すればいいと思っています。もちろん現在は「ネットで衆議院テレビがあるからそれで見ればいいじゃないか」という意見があるでしょう。それでも、私はテレビという媒体で常態的に国会を放送している方がいいと思うんですね。もちろん自然災害など有事には、政府から情報を発信します。

渡邊　ハイビジョンですと1つのチャンネルで3波に分割されています。個人的にはそれを2波にして、1波は「政府専用」でいいと思います。

小林　私はかなり以前から、そのようなアイデアを持っていたのですが、積極的に話すということはしてきませんでしたが、何らかのアクションを起こす必要性を実感しました。

渡邊　そうですね。実現に向けて、これからぜひやっていただきたいと、個人的には思います。

小林　はい。

訪日外国人を財源に

渡邊　既存の経済安全保障の概念にはないのですが、多くの国民が困っている大きな問題がオーバーツーリズムによるビジネス活動の停滞ではないでしょうか。

例えば出張に行ってもホテルが取れない、高額すぎて泊まれないという問題ですね。ホテル問題は特に関西圏に顕著ですが、それ以前に新幹線に乗れないという問題も起きています。東海道新幹線の各駅停車の「こだま」は料金が安いということで外国人で溢れかえっています。結果、途中から乗る地域住民の人の席がない。東北新幹線でも同様の傾向が強い印象です。足下では山手線が巨大な荷物で占拠され、日中でも満車のようになっている時間帯がある。

そういう時の主犯は多くの場合、固まって行動する中国人なのですが……繁華街などでも日本人が安心して買い物ができないぐらい外国人だらけです。銀座に行っても日本人がゆっくり買い物を楽しむことができなくなっている。

これまで長く住んできた日本国民が税金を使って作ったインフラを外国人がただで使っ

ているという状況です。それを作り上げた日本人の生活が不便になったり、経済活動に悪影響を与えていることに意味があるのか疑問です。「インバウンド」一辺倒の経済政策に対する何らかの回答を、政府は出すべきだと私は思うのですが。

小林　そうですね。ええ。

2024年の総裁選時に、「増税するとしたら何ですか?」という質問がありました。私が指されたので、正確な回答は失念しましたが、確か…「国際観光旅客税」と答えたと記憶しています。外国の方にいらしていただくのはありがたいことなのですが、結局、一般市民の生活インフラの使い勝手が悪化しているので、そのような考えに至りました。

渡邊　いわゆる出国税になりますかね。

小林　出国税になるのですかね。訪日外国人観光客の方には、そうした税をしっかりといただくと。その財源は、生活インフラや生活環境が悪化している部分の改善に使用する仕組みということで、その時は「国際観光旅客税」と私は申し上げました。

日本のインフラを使用することに対する、適正な対価をまずいただくということです。

渡邊　今の制度だと出国時に税金を取られるのですが、飛行機などのチケットに加算されています。ただし出国1回につきたった1000円ですよ。エコノミーで3万円、ビジネスクラスなら8万円くらいは税金を取ってもいいでしょう。

小林　そのぐらいいただければいいと思いますよ。

渡邊　そのぐらいを支払える外国の方に来て貰うことで、観光整備も行えるし、地域の生活インフラ、生活環境の悪化を防ぐ効果になると私は思います。そうすれば必然的に低レベルなお客さん、言葉は悪いですけど、お金を落とさない方はいらっしゃらなくなる。現在のインバウンド政策が観光客数という数を目標にしているからこのような問題が起こるのであって、金額ベースの目標に転換しなければならない時期に来ていると私は考えます。

オーバーツーリズム問題について、先生のお考えを聞かせていただきたい。

外国人優遇政策からの転換を

小林　一定数の方が来日していただくことは、基本的にはいいことだと思ってます。ただし、適正な対価を支払っていただく必要はあるでしょう。その一つが先ほど申し上げた税金ですね。

来日外国人観光客でも豊かな人たちは、喜んで高額商品、高額なサービスを買っていただけると思います。日本人の皆さんが提供するサービスはそれほど高品質ですから。そういう層の外国人観光客にできるだけたくさん来ていただき、たくさん消費していただきたい。

渡邊 税金も含めて。

小林 税金も含めて外国の方に支払っていただくということで「インバウンド」はもっと良質な政策になると思います。

渡邊 国民の税金で作ったインフラをただで使わせていて、払った当事者が利用できないのが今の状況です。京都に行くと通勤もできないということがあるのですが、この状況は明らかなオーバーツーリズムで、本当におかしな仕組みになっています。

中でも日本人をナメているとしか思えないサービスの一つがＪＲ６社が提供する外国人観光客専用の乗り放題切符「ジャパン・レール・パス」です。追加料金を払えば「のぞみ」なども利用できるのですが、この価格表を見るとあまりにも安すぎる（次ページ表「ジャパン・レール・パス価格表」参照）。「こだま」が外国人だらけになるは、むしろ当然です。こんなことで富裕層を呼び込むことなどできるわけがない。

このように日本人よりも外国人観光客の方が圧倒的に優遇されているサービスは相当数

ジャパン・レール・パス価格表

種類	グリーン車用		普通車用	
区分	おとな	こども	おとな	こども
7日間	¥70,000	¥35,000	¥50,000	¥25,000
14日間	¥110,000	¥55,000	¥80,000	¥40,000
21日間	¥140,000	¥70,000	¥100,000	¥50,000

あります。日本人が不利益になるようなものは全部やめた方がいいと私は思います。

小林　私は政府の税制調査会の幹部という立場で、無責任なことは言えませんが、現在、外国人観光客に消費税分を返していますこの免税制度のあり方を見直してもいい時期だと思います。

渡邊　はい、今、その議論が出ています。

かつての国鉄ならともかく、鉄道に関しては民間事業者がやることだと言われるかもしれないですが、鉄道の鉄軌道敷設は国の助成対象ですから、税金が投入されているわけです。

小林　ええ。

渡邊　たとえ民間でも、その対価として政府が規制をかけることは十分根拠があるはずです。このように実は助成している民間のサービスは多い。なぜ日本人が例えば5万円払うのに、外国人が3万円しか払わないのだという話で、おかしいと思うんです。留学生制度もそうなんですけれども。政策の優遇対象の原則は内国人でなければならない。税金を払っているのですから、国家はその対価を支払った内国人にふりわける義務がある。

不法滞在の外国人対策

小林　それはそうだと強く思います。逆転していることがあるとすると、そこはできる限り改善していく必要があると思います。

渡邊　改善しなければ、国民の不満がどんどんたまっていくのも当然ですよ。これも広範囲で言えば経済安全保障に入ってくるのかもしれませんが、いわゆる移民政策。その典型例が、埼玉県川口市のクルド人難民を自称するトルコ人問題です。日本国としては「経済難民を認めない」としていて、入管法も改正しました。その一方で取締機関がない。捜査権限を持つ取締機関がなければバイデン政権時代のアメリカのように、不法滞在外国人が無限に増えてしまう。この不法滞在とは、いわゆる正規就労以外の滞在者で、難民申請をして国内に留まる手口がパターンになっていますが……。

小林　執行機関がないっていうのは、どういったことでしょうか。

渡邊　出入国管理庁はありますけれども、有効的に機能しているとは言い難いでしょう。あったらクルド人難民を自称するトルコ人問題は発生しないのですから。暴力団に対する警察のように、もっと強い権限を持った取締機関があってもいいはずです。

小林　出入国管理庁に、ですか？

渡邊　ええ、例えばかつて金融庁には、資金洗浄やテロ資金供与に関する疑わしい取引の情報を一元的に受理・分析し、捜査機関等に提供するＦＩＵがありました。しかしＦＩＵはＪＡＦＩＣに名称変更して警察庁傘下に移管しています。法務省管轄より警察庁管轄の方が実効性のある調査ができるからです。

小林　それはそうですね。

渡邊　２０２３年7月には埼玉県川口市の病院に１００人近くのクルド人難民を自称するトルコ人が集結し、病院機能がマヒする事件が発生しました。このような暴力性を持つ集団を相手に法務省の職員が有効な取り締まりをできるとは思えません。

小林　どうしようもないですよね。丸腰で行っても…。

渡邊　どうしようもないですよね。だから、そういうセクションを作るべきではないでしょうか。

小林　やはり、警察の対応力だけでは限界があるのでしょうかね？

渡邊　連携はしていますが、法的建て付けも含めて不法在留状態が常態化しているのが現実です。出入国管理庁に強制捜査権のような強い権限を持たせないと、やはり有効には機能しないということでしょう。

小林　確かに、一部外国人の不法就労対策は非常に大きな問題だと思っています。日本のストロングポイントの一つである「治安」というものが悪化しているのですから。その領域への執行力をどうやって高めるかというのは、非常に重要な政治課題だとは受け止めています。

逮捕後、突然、日本語がわからなくなる

渡邉　病院事件のきっかけになったのはクルド人難民を自称するトルコ人同士の暴行事件なのですが、結局全員が不起訴処分になっています。２０２４年１月に川口市のコンビニ駐車場に停車した乗用車内で女子中学生を性的暴行し、同年３月にハスギュル・アッバスは不同意性交で逮捕されました。懲役１年、執行猶予３年の有罪判決を受けて釈放された約４カ月後、今度は12歳の少女に性的暴行を加えて逮捕されています。

このハスギュル・アッバスは小学校時代から日本に住んでいるのにもかかわらず、公判

中はイヤホンを付けて通訳を介しています。クルド人難民を自称するトルコ人の特長は言葉の壁を利用する点で、そのことで判決が有利になる。結果、法の下の平等が成立しない不法地帯が生まれているのです。

小林 そうした不法就労外国人も在留カードは持っていると思います。それだけはやはり不足で、例えばマイナンバーカードのようなものですね。マイナンバーがないと生活ができないような仕組みを作るべきだとは思います。

渡邊 現在は医療や住宅購入のローン時、あるいは雇用の際にもマイナンバーが必要なケースが増えていますし、事業者に関しても、一部除外があるもののインボイスが必要になってきています。不法滞在の外国人にもマイナンバーや、それに類するカードを持たせることを義務付けてコンピューターソフトで管理していけばかなり有効だとは思います。

小林 そうです。ちゃんと管理をする仕組みを作るということです。

渡邊 それは相応の実効性がある対策だと思いますね。犯罪歴も残りますし、転居しても追いかけることができる。所持義務を違反すれば即強制送還ということになれば、いわゆる不良外国人を減らすこともできます。

外国人による医療費の不正使用等が、結構大きな問題になっていますから、この辺りも

チェック機能を高めていく効果もあります。それが逆に国民負担を減らすことになるので、有権者の理解も得やすい。

小林　負担減にはなりますね。

渡邊　マイナ保険証と言えば、やはり思い出されるのが政府の説明です。悪いとしか言いようがない。マイナンバーはビッグデータ収集の機能を持っていないというところから始めて繰り返し強調しなければならないはずなのに、多くの人はビッグデータの収集ツールだと誤認してしまったまま今日に至っています。

やはり先ほど言ったような広報チャンネルが必要だと言えるでしょう。

小林　必要だと思います。ただし広報チャン

ネルを作っても言っていることが信じてもらえなかったら、寂しい話ではあるんですけれども……（笑）。

渡邉　努力だけはしないといかんですよね（笑）。

電波と安全保障

渡邉　電波についてもう少し大きな枠で言うと、電波の再配分が安全保障上の重要な現実問題になっている点です。現在の戦争の勝敗を決定するのはデータリンクですが、軍事用と民間用の電波の棲み分けを整理しないと、有事の時に日米でデータリンクができないと聞きました。また国内的には、自衛隊の無線機がデジタルとアンデジタルで3世代に跨がっていて、2024年1月の能登半島地震の時には連携に支障が出たそうです。

小林　電波というのは、ある意味、これまでは聖域みたいな形で扱われていました。しかし、国民共有の財産です。それをどのように国益のために最大限活用していくのかということです。きちんと見直していく時期に来ているのかなとは思います。

渡邊　ざっくり概算で日本人の約8割近くはネットを介したストリーミングと併用、あるいは切り替えています。地上波から主メディアがHuluだとかNetflix、YouTubeなどに移行している中で、「テレビに電波が必要なのか」という議論が起こらないこと自体が異常です。次世代を考えた場合、そうした議論は早く始めるべきでしょう

小林　まあ次世代を考えたらそうかもしれないですね。ただ現実にはまだ…。

渡邊　衰えたとはいえ、それなりの力を持ってはいますからねぇ。これからはNHKがあれほど大量のチャンネルを持つ必要があるのかということも問題化されていくでしょう。その管理費が受信料を押し上げているのですから。ただ「電波」は総務省の核心的な理研で、絶対に手放そうとはしないと聞きました。先ほど申し上げた国防の必要性から防衛省が電波について総務省と協議をしても、向こうは一切姿勢を変えないと聞きました。

小林　そうですよ。

渡邊　不思議なことに政治家が「電波」に触ると、なぜかネガティブキャンペーンが起こります。そうした怪現象を恐れて、皆さん「電波」に触りたがらない。

例えば南方の有事では島嶼防衛が必要になります。島嶼防衛のミッションのためには遠距離型の携帯無線機が不可欠ですが、電波の整理問題で希望機種を導入できないなどの現実的な問題が起こっていると聞きました。

小林　そこは通信衛星の話とかも絡んでいきますね。

渡邊　ウクライナ戦争で活躍しているスペースXの「スターリンクシステム」が、日本では使えないのは厳しいですよね。

小林　総務省以外で本当に心ある、その厳しい現実を理解している官僚は自らアメリカに乗り込んで、「そこの電波の枠をどうやって確保すれば…」と言って戦っている人たちもいることはご理解いただきたいです。

渡邊　近代戦はこれまでの陸・海・空の3領域ではなく、宇宙・サイバー・電磁波の新領域での優勢が勝敗のキーになるというのが国際標準です。電波は「電磁波領域」に入るのですが、国内問題で優勢を構築できないのは大きな課題と言えるでしょう。

デフレマインドのリセットを

渡邉　小林先生がこうした諸問題に問題意識を持っておられて、取り組んでいることは承知しています。ただ社会全体で問題の可視化がされていないので、「問題がない」という認識のぬるま湯状態で今日まで来てしまいました。

もっとよろしくないのがデフレマインドが染み付いてしまって、「物価が安いことがいいことだ」という誤認が常識になっている点です。デフレは経済成長のシュリンクで、デフレ故に所得が低くなったのです。ところが物価安が正しいかのようにテレビ、メディアも伝えてしまっている現実がある。そうして植え付けられたデフレマインドが防衛費の問題ばかりか、全ての予算の圧縮要求になって噴出している構造だと私は考えています。

あまり知られていませんが、現在、日本では薬が不足しています。ところが薬価を引き下げ、2025年度には医療費の2500億円前後削減を目指すというのです。これでは国産の原薬が使えません。

小林　使えないですね。

渡邊　約20～30年前には約80％近くあった国産の薬の比率が、現在では十数％、つまり2割を切るような惨状になっています。こうした薬の危機について、党内ではどんな議論がなされていますか？

小林　原薬の問題はサプライチェーンの話ですが、やはり全てに国のお金をつぎ込むってことはなかなか難しいのが現実です。しかし本当に重要なものについては、やはり国がある程度支えていかないといけない。

渡邊　計画的に開発、生産される薬価は予め金額が定まっている商品です。これを自由競争の中に持ち込んで価格競争させることが歪んでいます。薬は国民の生命に直結するのですから、厚生労働省ではなく経済安全保障が対象として扱うべきだと個人的には思います。

小林　厚労省が扱うことはそれでも良いと思うのですが、サプライチェーンなどの視点を持って取り組まないと非常に良くないと思います。

渡邊　現実問題として手術ができないような状況が発生する瀬戸際です。毎年薬価を改定しますが、あれによって薬屋さんもメーカーも問屋さんも在庫を持ちたくなくなってしまった。下手すると在庫分が赤字になってしまうからです。

小林　薬局、メーカー、問屋が、そのような考えを持たざるを得ない状況は明らかにおかしいのです。結局、社会保障のあり方も含めて、もう少し抜本的に、しっかりと全体を見直していかなければならない。そう思います。

この根底にあるのは社会保障費の伸びと、その伸びを抑制するための財源が必要だという問題です。そこで「一番切りやすい薬価を切って、取りあえず捻出しましょう」ということになった。しかし、これは、ある意味では非常に安易な、そして危険な考え方だと、私は思います。このようなことをやっていたら、いつまで経ってもイノベーションなど起きるはずがないし、現実的に国民の生命をリスクに晒している。そこはやはり、診療報酬全体で考えて、どう抑制していくのかということを考えないといけないでしょう。

渡邊 最初に取り組めるのはマイナンバーを利用した不正診療の防止でしょう。

小林 もちろんです。「不正」は論外なので。

渡邊 そうした無駄を抑止した上で、拡大経済を前提とした戦略を組まないとダメですね。

小林 そう、おっしゃる通りだと思いますよ。

拡大経済転換に必要な税制

渡邊　経済が成長すれば必然的に財源は増えていきます。そこで拡大経済に持ち込むには何が必要か？　という課題が生まれます。例えば「103万円の壁の問題」も若い子育て世帯の支援を目的とするのであれば、扶養控除を上げた方がよほど効果はあるわけです。

例えば離婚して支払う養育費は控除対象外です。こうなるとリスクが高くて子どもを作らないことを選択してしまうし、あるいは、養育費を未払いして逃げる親も生まれる。現実に即して扶養控除の枠を増やせば子どもを増やそうと思うでしょう。また資産形成を助けるということで言えば住宅ローン減税の拡大をやるべきで、そうすれば基礎控除を上げるよりはるかに効果的だと個人的には思いますけどね。

ところがそういう議論が行われていることが全く見えない。もしかすると、党内の部会なりで行われているかもしれないけれども、それが全く表に見えてこないから国民は政府や与党が何やっているかわからないという構図なのではないでしょうか。

小林　いやおっしゃる通りだと思いますよ。確かに今回の「103万円の壁問題」については政府与党が、物価の伸びすら反映していなかった。「何で反映して変えなかったんですか」という部分については、責められても仕方ないと思います。

ただ、先生がおっしゃっているその基礎控除のところだけを見ればいいかというと、そんなことはないと、私は思います。では具体的にどういう方を政策的に特にサポートしていくのかという部分を、もう少し明確に国民に説明すると。必要な手段は基礎控除の引き上げという限定的なものではなく、多くの施策を組み合わせてやっていくものだと思います。

渡邊　税と社会保障はシステムで出来上がっていますからね。ところがそのシステム自体を国民のほとんどが理解していないというのが現実です。だから単に金額だけを問題にした春闘のごとき、マネーゲームになってしまっている。この周知が徹底されていない状況はやはり変えていかないとダメでしょう。そもそも103万円を導入することで、逆に2500万円ぐらいの高額所得の人の方が、減税率が上がるっていうのは、相当にバカバカしい話ですよね。

小林　そうですね。富裕層優遇政策が本当に国民の多くが望むことだったら別にいいのかもしれませんが、違うと思うんですよね。

渡邊　結局助けなければいけないのは、お金のない子育て世代ですから。

小林　そうですね。そういう方たちを支援するのは当然です。そうした人たちに使っていくということは、最終的には経済の拡張に回っていくので。

渡邊　賛成です。本当に必要な世代でね。国家の未来のために少子化がこれ以上進むのは望ましくないのですから。

第4章 トランプ革命と新たな日米関係

トランプ革命

渡邉　２０２５年1月20日、ドナルド・トランプ氏が大統領に就任しました。次ページからの表はウォール・ストリート・ジャーナルの「Ｔｈｅ　Ｔｒｕｍｐ　Ｔｒａｃｋｅｒ（トランプ追跡）」を基に作成した「就任24日でトランプ大統領が行った最重要政策33」です。アメリカ視点での重要度ですが、これを見ると「トランプ革命」が始まったと言ってよい印象です。先生は、どのようにご覧になっていますか？

小林　既存の秩序に対する挑戦が始まったなと思っています。トランプ大統領は立て続けに大統領令を発令していますよね。

渡邉　はい。

小林　その賛否についてはいろんな評価があると思います。しかし、大統領選挙でご自身がおっしゃっていたことを有言実行している点は、ある意味では当然なのですが、やはりすごいなと思います。

日本の選挙でも公約というのを掲げます。２０２４年の自民党総裁選、さらにその後の

就任24日でトランプ大統領が行った最重要政策33　その1

分類	政策	形態	署名日	ステータス	概要
政府の役割	DOGEに連邦政府の人員削減を行う権限を与える	行政命令	就任25日目	進行中	連邦政府機関に対し、退職者4人につき1人を雇用するよう指示。政府機関の長に対し、政府効率省の職員と協力して、重要な分野でのみ政府職員を雇用する「データ主導の計画」を策定。さらには機関の削減、統合すべきかの決定を求めた。
リーガル	海外腐敗防止法の執行終了	行政命令	就任24日目	進行中	海外公務員に賄賂を提供する米国企業家を処罰する規定で、2024年に外国公務員が米国企業に賄賂を要求したり授受する行為を処罰できるよう法改正された。この法律がアメリカ企業の海外進出にとって不利であるとして、執行終了の検討を求めた。
政府の役割	連邦ビル内での紙ストロー使用禁止	行政命令	就任24日目	進行中	連邦政府施設からの紙製ストローの持ち込みを禁止。紙製ストローの使用を廃止するための国家戦略を45日以内に策定するよう求めた。
貿易と経済	鉄鋼とアルミニウムへの関税	大統領令	就任23日目	進行中	米国への鉄鋼とアルミニウムの輸入に25%の関税をかけると発表した。バイデン政権で緩和されたカナダ、メキシコ、日本、韓国などの同盟国に対する例外措置なしに、世界的な関税を復活させる。 関税は3月12日に発効する。
文化問題＆DEI	ジョン・F・ケネディ舞台芸術センターのディレクター解任	公式声明	就任21日目	進行中	同センターが「特に若者をターゲットにしたドラッグショー」を開催していることを批判し、デイビッド・ルーベンスタイン理事長を含む複数のメンバーを理事会から解任すると述べた。
外交政策	国際刑事裁判所への制裁	大統領令	就任20日目	進行中	国際刑事裁判所が2023年10月のハマスによる対イスラエル攻撃後、ガザでの戦争犯罪の疑いでイスラエルのネタニヤフ首相の逮捕状を発行したことに対して、国際刑事裁判所に制裁を科した。同裁判所を制裁する法案は1月に上院で頓挫した。
外交政策	ガザ制圧	公式声明	就任18日目	提案	アメリカがガザを長期的に支配し、200万人近いパレスチナ住民が近隣諸国に永住することを求めた。
文化問題＆DEI	トランスジェンダーの女子校スポーツ出場禁止	大統領令	就任17日目	完了	出生時の性別が男性であったトランスジェンダー女性が、女子スポーツイベントに参加することを認める学校などへの連邦政府からの資金援助を剥奪する。
外交政策	国連プログラムの一部からの脱退	大統領令	就任17日目	進行中	国連人権理事会と国連救済事業庁からの脱退と資金援助の打ち切りを指示。同時に国連教育科学文化機関やその他の国際機関への米国の参加の見直しに着手した。
貿易・経済	ソブリン・ウェルス・ファンドの創設	行政命令	就任15日目	進行中	財務省および商務省に対し、政府系ファンドの設立を検討するプロセスを開始するよう指示。TikTokの運営維持のために、このファンドを利用する可能性を示唆している。
政府の役割	USAID（アメリカ合衆国国際開発庁）の国務省への統合	命令・指示	就任15日目	停滞	DOGEのリーダーであるイーロン・マスクは同庁の完全閉鎖を構想していたが、マルコ・ルビオ国務長官は再編成に向けて議会と協力する意向を議員に通知した。その後、USAIDのごく一部の職員を除くすべての職員が解雇されたが、判事はその動きを一時的に延期している。
貿易と経済	対中関税	大統領令	就任13日目	完了	中国からの輸入品に一律10%の関税を課した。この関税は、これまで関税に使われたことのない緊急経済権限に基づいて課される。
貿易と経済	対メキシコ関税	大統領令	就任13日目	手続き中	メキシコからの輸入品に25%の関税を課す。この関税は、これまで関税に使われたことのない緊急経済権限に基づいて課される。関税の発動は1カ月延期された。
貿易と経済	対カナダ関税	大統領令	就任13日目	手続き中	カナダからのエネルギー製品に10%、それ以外の輸入品には25%の課税を課す。 この関税は、これまで関税に使われたことのない緊急経済権限に基づいて課される。関税の実施は1カ月延期された。
移民問題	移民収容にグアンタナモを利用	命令・指示	就任10日目	進行中	国防総省と国土安全保障省に対し、グアンタナモに3万人もの移民を収容する施設を建設するよう指示。 このキューバの米海軍基地は20年以上もの間、テロ容疑者用の刑務所として利用されていて、すでに何人かの移民が連行されている。
移民法	レイケン・ライリー法への署名	法案	就任10日目	完了	殺人や暴行だけでなく万引などの疑いで逮捕された不法移民の拘束継続を国土安全保障省に義務づける法案に署名した。

就任24日でトランプ大統領が行った最重要政策33　その2

分類	政策	形態	署名日	ステータス	概要
文化問題 & DEI	トランスジェンダーの子供に対する医療行為の制限	行政命令	就任9日目	進行中	連邦政府機関に対し、19歳未満に一般的な性治療を提供する機関への資金提供を差し控え、軍人とその家族の健康保険からそのような治療を除外する措置をとるよう指示した。
政府の役割	連邦政府職員の早期優遇退職の勧奨	命令・指示	就任9日目	停滞	連邦政府職員はフルタイムで職場に復帰するか、辞職して今後8カ月間の給与を得るかを選択できる。 辞職の場合、給与と手当はすべて支給され続け、9月30日までは出勤義務が免除される。この早期優遇退職の勧奨は裁判官によって一時停止された。
政府の役割	除隊した軍人の復帰	大統領令	就任8日目	完了	新型コロナウイルスのワクチン摂取を拒否して除隊した軍人を元の階級に復帰させることを求める命令に署名。 これらの軍人は給与と手当の返還を受けることになる。
政府の役割, 通商と経済, 外交政策	連邦支出凍結	命令・指示	就任8日目	停滞	連邦政府プログラムがトランプ大統領の優先支出事項に適合しているかどうかを評価する間、ホワイトハウス行政管理予算局は連邦政府機関に支出を一時停止するよう指示した。 メディケア、社会保障給付、個人に直接提供される援助に対する除外する。 連邦判事はこの命令を阻止し、撤回された。
リーガル	暗殺ファイルの機密解除	行政命令	就任4日目	進行中	ジョン・F・ケネディ大統領、ロバート・F・ケネディ、マーティン・ルーサー・キング・ジュニアの暗殺に関する機密ファイルの公開を求める命令に署名。 機密ファイルの公開には数週間かかる。
貿易と経済	AI開発の障壁を取り除く	行政命令	就任4日目	完了	バイデン大統領による人工知能に関する規則や命令の多くを撤回。また、データセンター用に連邦政府の土地をより多く指定する条項を維持した。
貿易・経済	暗号資産の枠組み強化	行政命令	就任4日目	処理中	規制の枠組みを作るための6カ月のスケジュール、銀行口座へのアクセスの容易化、連邦暗号通貨備蓄の可能性など、暗号通貨の優先事項について言及。 また、ホワイトハウスのAI・暗号担当長官に、ハイテク投資家のデイビッド・サックスを任命した。
リーガル	シルクロード麻薬首謀者の恩赦	恩赦	就任2日目	完了	2015年、麻薬の流通や資金洗浄の共謀など7つの罪で終身刑となっている、ダークウェブ上の電子商取引サイト「シルクロード」の創設者、ロス・ウルブリヒトに恩赦を与えた。2024年5月のリバタリアン運動会合での約束だった。
移民問題	出生権付き市民権の廃止	大統領令	就任当日	停滞	アメリカでの出生者に市民権が与えられる「生まれながらの市民権（birthright citizenship)」を認めないという命令に署名。 ただし十数州の検事総長が、ご憲法修正第14条に違反するとして訴訟を起こし、命令は判事によって無期限に阻止されている。
移民問題	国境非常事態宣言	行政命令	就任当日	プロセス	南部国境での国家非常事態を宣言。亡命を求める移民に対し、米国の裁判手続き中はメキシコ北部の国境都市に住むことを義務付ける通称「メキシコ残留」政策を復活させた。国境の壁の建設再開、カルテルを外国のテロ組織と指定し、難民の再定住を4カ月間停止することも求めた。
リーガル	国会議事堂襲撃事件への恩赦	恩赦	就任当日	完了	2021年1月6日の国会議事堂襲撃事件に関与したほぼすべての被告に完全恩赦を与え、14人の刑を減刑。恩赦を受けた者の中には、議事堂襲撃に関連して扇動的陰謀罪などで有罪となった極右団体の指導者も含まれている。
文化問題 & DEI	連邦DEIプログラムの停止	大統領令	就任当日	完了	連邦政府全体の多様性、公平性、包摂（DEI）プログラムを廃止。トランプ軍と国土安全保障省にDEIの取り組みを廃止するよう命じ、"差別的な平等イデオロギー"を教える学校から連邦政府からの資金援助を取り消すという別の命令にも署名。

就任24日でトランプ大統領が行った最重要政策33　その3

分類	政策	形態	署名日	ステータス	概要
文化的問題 & DEI	生物学的性別の認識	行政命令	就任当日	完了	バイデン政権の方針から転換し、個人の性自認ではなく生物学的性別のみを認める行政命令を出した。 性別違和や「移り気な代名詞の使い方」をする者は軍務に適さないとする命令にも署名した。
法律, 外交政策	TikTok禁止令の一時停止	行政命令	就任当日	完了	TikTokが米国で禁止されるのを防ぐために75日間の取引を行うよう大統領令に署名。トランプ氏は、米国が合弁でTikTokの50%の所有権を持つことを望んでいると述べている。
外交政策	パリ協定からの離脱	大統領令	就任当日	進行中	約200カ国が協力して地球温暖化を摂氏2度以下に抑えることを約束した世界的な気候協定であるパリ協定から離脱。前大統領時代に離脱したもののバイデン大統領就任後に再加盟した。 離脱する前に1年前に通告しなければならないので正式離脱は2025年1月。
外交政策	世界保健機関（WHO）からの脱退	行政命令	就任当日	進行中	公約だったWHO脱退を実行。前大統領時代に脱退に向けて動いたが、バイデン大統領就任後に撤回。脱退する前に1年前に通告しなければならないので、正式な脱退は2026年1月になる。
政府の役割	DOGEの創設	大統領令	就任当日	完了	イーロン・マスク率いる政府効率省を創設。 マスクは、DOGEは連邦政府の支出から2兆ドルを削減しようとすると述べ、何人かの若いエンジニアを参加させている。
政府の役割	連邦政府の雇用凍結	命令・指示	就任当日	完了	連邦政府の民間人採用を凍結し、連邦政府内での新たな役職の創設を停止する。 ただし軍人や、移民法執行、国家安全保障、公共の安全に関連する職種には適用されない。
法律, 外交政策	ランドマークの名称変更	行政命令	就任当日	進行中	メキシコ湾はアメリカ湾と改名され、デナリは再びマッキンリー山に再改名した。 名称変更は、政府が地理的名称情報システムのサイトリストを更新するまで発効しない。
政府の役割、法律	連邦職員のクラス替え	行政命令	就任当日	進行中	2020年10月に発表し2021年のバイデン政権発足時に阻止された、連邦職員全体の一部の職種を競争的採用手続きと公務員保護の対象から除外し、各省庁に雇用慣行の柔軟性を与える「連邦職員の雇用保護を撤廃する計画（通称・スケジュールF）」を復活。

衆院選で自民党は少数与党になりました。一応「与党」ということですが、総裁選や衆院選で掲げていた公約が実際にどれだけ今実行に移されているのかということを考えた時、トランプ大統領の実行力は、私は驚嘆に値することだと思います。

渡邉　前回の大統領時代に土台を作っていたことが大きいかと。最高裁判事は9人で構成されますが、トランプ1期目の時に保守派判事3人を指名したことで、保守派6人、リベラル派3人にしましたので、法案を通しやすくなった。さらに2024年大統領戦と同時に行われた連邦議会選挙で上院、下院も共和党というトリプルレッドの構造になった。民主党側は議会で妨害工作を行うこともできず、司法に妨害工作を持ち込んでも最高裁で否決される可能性が高い。こうしたことが実行力の土台になっています。

またトランプ1期目は共和党内の約半数が、いわゆる「ネオコン」と呼ばれるアンチ・トランプ勢力でしたが2度の中間選挙と連邦議会選挙を経て、第2期の今回は親トランプ派が約9割を占めています。

小林　そうですね。多数派ですよね。

渡邉　もう妨害するものが何もない構造です。もちろん議会制民主主義の日本とはかなり構造が違うというところがあるのですが、そこを差し引いても非常に速い速度で公約を実現していることに驚いています。

小林 言われる通り「トリプルレッド」になりましたので。次の中間選挙までの2年間…憲法が変わらない限りは、これがトランプ大統領にとって最後の4年間になるわけです。前半2年間で、相当なスピードでいろいろな物事を進めていくのだろうと思いますね。

AIを駆使して不正と無駄を炙り出す

渡邉 中でも注目されているのが2024年大統領選でのトランプ氏勝利のダイナモとなった実業家、イーロン・マスク氏率いる「政府効率化省」、「DOGE《ドージ》」の創設です。「DOGE」は「Department of Government Efficiency」の略で、もともとは行政管理予算局（OMB）傘下にあった「米国デジタルサービス」という組織を「米国DOGEサービス」に改称して、大統領府（ホワイトハウス）内に再編した組織です。「省」という名称ではありますが、国務省や財務省のような主要省庁と同列ではありません。2026年7月4日までの18カ月間で、トランプ大統領の掲げる政府効率化の取り組みを遂行する期間限定の組織です。

DOGEの指導者として指名されたイーロン・マスク氏は自身が所有するXを通じて、このようにスタッフを募集した。

「地味なコスト削減作業に週80時間以上取り組む意欲があり、小さな政府を目指す高い知能指数（IQ）を持つ革命家」

マスク氏の下に集まったのは19歳から24歳までの若手エンジニアで、彼らは「DOGE軍団」と呼ばれています。

DOGEは連邦政府のデータを大量に収集し、AIの積極的な利用を推し進めることで、連邦政府の人員削減、省庁の再編を目指します。そうしたデータを基にAIを使って「グラフ型データベース」を作成していると言われています。このグラフ型データベースはパナマ文書の解析や、クレジットカードの不正利用を検出するのに非常に有用です。このカスタマイズ版をエンジニアたちがその場で作って「無駄」、「不正」を吐き出させていっているのです。

小林　とてつもないですね。

渡邉　実際に連日のように不正や無駄が暴き出されています。例えばアメリカの社会保障局の社会保障番号は3億9000万人。それに対して納税者が3億1000万人。実に約

８０００万人もの幽霊が見つかった。

小林　８０００万人！

渡邉　３００数十歳というアメリカ建国より古い方もいらっしゃった。亡くなられたまま届け出がない。身寄りのない方なんかもいらっしゃるでしょうけれども、その中に何割かは、年金詐欺とか社会保障費詐欺をしているのではないかと言われています。

小林　そうした無駄な行政コストを一気に削ぎ落とすことができるということですね。

DXと政治改革の融合を

渡邉　社会保障番号と税務データを統一して一つのデータベース上で判断していくという形にすれば、ものすごいコストカットが可能になるということですね。日本もそれをやるべきだなと思います。

小林　歳入庁構想の話は、昔からありますね。

渡邉　アメリカの歳入庁そのものも不正があったんですけどね。

先生が先ほど、トランプ政権の実行力を驚かれていましたが、１期目の公約達成率が約

8割で、残りの2割が現在の政府機関の無駄、不正のカットなのです。あれを見るとまぶしく見える日本人も多いと思うのですが、日本では仕組みがそもそも違っている。アメリカの場合、大統領が代わると官僚も入れ替わりますから。

小林　そうですね。ポリティカル・アポインティー（政治任用制）によってガラッと替わりますね。もちろんそれが日本に合うかどうかというのは、議論があるとは思いますけれども。

でも現在のDX（デジタルトランスフォーメーション）時代に、データをちゃんとスクリーニング、クレンジングして効率化を図るというのは、日本も本来やらなければいけないことです。そのために必要なのがマイナンバーですが、マイナンバーカードと健康保険証を一体化しようとするだけでも、いろんな議論が生まれてしまう。一応、一体化しようということで決めたのですが、それに対して野党が「いや、紙でもいいじゃないか」という法案を提出するくらいのことになるので……。意識をガラッと変えないと。結局スピードに付いていけないのですけどね。

渡邉　スピードもそうですし、コストの問題がありますよね。膨れ上がり続ける社会保障費をどうするのか？　という現実問題に対する最優先の対応は、不正と無駄を省くことですから。それをやるためには、やはりマイナンバーと健康保険証の一体化が必要です。多くの国民は理解はしているのだと思うのですが、やはりメディアですよね。

小林 そうですね。

渡邉 反対の世論を作ろうとする。

小林 はい。

渡邉 なぜなのでしょうね。

トランプ氏が行った「情報革命」

小林 私もいつも疑問に思うのですが、理由がわからないのです。政府に対する信頼がないんだろうなぁ…とは思うのですが、アメリカはどうなんですかね？

渡邉 アメリカの場合、信頼の対象は政府ではなく党ですよね。民主党員は民主党に対して、共和党員は共和党に対しての信頼や忠誠です。日本の場合は「政府」というのが必ずしも与党を指さない。いわゆる霞ケ関（官僚）と永田町（政界）と平河町（長老）の三位一体ですから（笑）。

小林　ええ（笑）。

渡邊　アメリカの場合は、ＦＯＸ、ＣＮＮなどチャンネルによって保守とリベラが分かれていますが、日本の場合は…。

小林　政治的中立ということになっています。

渡邊　という建て付けで表現の自由を理由に、攻めてくる。トランプ氏の場合、第１期当選前からメディアに妨害され続けました。そこで、これを壊すために、第１次政権時はホワイトハウスの中にあった会見場を他の場所に移して、拡大します。それ以前は、いわゆる「ホワイトハウス記者クラブ」に加盟すると、大統領専用機「エアフォースワン」に乗って随行取材ができたり、ホワイトハウスに自由に出入りできたりした。このメリットがある意味、レガシーメディアの特権だったのです。

小林　はい。

渡邊　ところが今回の第２期で、トランプ陣営はホワイトハウス記者クラブを、ブロガーやニュースサイトにまで拡大しました。もちろん、誰でもということではなく届出制でライセンスを発行されなければ出入りは不可能ですよ。

このことで、いわゆる従来のメディアが持っていた特権、「伝えない自由」が完全に壊れてしまった。

小林　なるほど。

渡邉　また会見は、X等のSNSでの同時中継までOKにしてしまいました。メディアがミスリードを狙っても、政府の一次情報がリアルタイムで発信されてしまうので、ミスリード誘導もほぼ防げるようになりました。

小林　事実上は不可能になりますよね。

渡邉　その上で、イーロン・マスク氏などは当事者なのにDOGEを運営していく上で何があったのかを1時間おきくらいに証拠付きで発信しています。トランプ政権の劇的なところは政策実行だけではなく、メディア革命だと思います。

どうですか？　日本でも。

小林　いいと思いますよ。日本でもやれば。

渡邉　そうすると現在の記者クラブ制度が本当に正しいのかどうなのか、という部分も議論されなければなりません。

小林　はい。既得権益化しているところは確かにあります。もう時代も変わってきているので、もう少しオープンにした方が私はいいと思います。

国政取材のオープン化

渡邉　ただし誰でもというと、例のフジテレビの10時間罵倒会見みたいになってしまう。迷惑系が押し寄せたり、自分語りをされると逆に必要な情報が発信できない。だから「パス」を発行する必要があります。記者個人の背景などをチェックしてクリアランスを与える。そうした記者に、申請制でパスを渡せばいい。

重要なのは会社に対して「パス」を渡さない点です。組織を対象にすると、結局、現在の横並び報道になってしまう。何より今の記者クラブ18社体制にしても、すでに休刊して

いる日本工業新聞は古参の一つです。その日本工業新聞の資格で産経新聞がパスを取っていたりするのはおかしいでしょう。

小林　セキュリティ・クリアランスの「クリアランス」は国家機密にアクセスする必要がある人に、適正評価でアクセス権を与えるということです。記者の方たちにクリアランスを与えるというのは制度上難しいですね。

渡邊　混乱させてしまったようですが、経済安全保障推進法に基づくセキュリティ・クリアランスではなくて、別制度です。本来、名称も変えるべきですが便宜的に「クリアランス」という言葉を使いました。犯罪歴の有無や、反社会的勢力との関係の有無とか、そういう条件でスクリーニングして、クリアランスを与えればいいということです。

記者という肩書きは特に資格が必要ないのに、いろんなところに出入り可能になっています。その仕組みを悪用している人がどれほど多いのか——そのことはフジテレビ10時間会見などで周知されました。やはりローン返済の実績などクレジットスコアや、高校入試程度の学力試験の導入も必要かもしれませんけどね（笑）。

小林　（笑）。

渡邉　トランプ大統領の行っているメディア改革とは「偏向」の廃止でもあります。現在ヨーロッパでは保守勢力が伸張していますが、そうした勢力に「極右」というレッテルを貼るようになっています。２０２５年2月14日から始まったミュンヘン安全保障会議で、J・D・バンス副大統領はそうした風潮に対して、表現の自由のない国とアメリカは付き合わないと批判しました。

インターナショナリズムへの回帰

小林　それもヨーロッパから見たら、少し違う角度の問題なのですけどね。

渡邉　とはいえ急速なEVシフトとグリーン推進による資源・エネルギー価格の高騰。ロシアにエネルギープレゼンスを握られたことによる、ウクライナ侵攻など国家戦略のミスが重なった結果ヨーロッパは、国際社会での存在感を喪失しています。

有権者はリベラルに失望し保守への回帰を選択している。そこに登場したのがトランプ政権です。頭越しにウラジミール・プーチン大統領とウクライナについて協議するなど、EUにとって屈辱的な外交が行われています。世界中の景色がアメリカによって無理やり覆されるようにイメージしている人は多い。

小林　その部分はそうですよね。アメリカの「アメリカファースト」がある部分では当然のように、日本も「日本ファースト」を忘れてはならない。もちろんアメリカの「今の動き」を理解することは必要ですが、大国です。その大国がもたらす国際秩序の変化は、あくまで日本から見ないといけないと私は思います。つまり日本の国益にプラスになる方向で変化するかどうかが重要で、現在のアメリカの行っていることは、必ずしも日本の国益につながらないのではないかという気はしますね。やはりアメリカには「アメリカファースト」だけではなく、大国としての責任を果たしてもらいたいですし、そのために日本としても働きかけていく必要があると私は思いますね。

渡邉　１９８９年の冷戦終結以前の「インターナショナル」と、冷戦終結以降の「グローバリズム」――いずれの状況にも「国際化」という同じ言葉が充てられています。現在のトランプ政権が行おうとしている「国際化」は、インターナショナリズムへの回帰です。同じ価値観を持つ国同士が、話し合いをする形に戻ろうとしていると、私は見えます。

小林　はい。

渡邉　トランプ大統領の要望はシンプルで「グローバリズムではなく、インターナショナルに回帰して１対１でディールしましょう」というのが基本です。

「これまでアメリカから一方的に利益を吸い取ってきたけど、互恵の対等な関係になりましょう」

「貿易赤字がアメリカに対してあるのであれば、アメリカから何かを購入して、平等な関係を作っていきましょう」

アメリカの立場で言えば、当たり前と言えば当たり前で、日本も甘えていたという部分は結構あるのではないですかね。

小林　そこはそうかもしれないです。日本としては当然アメリカに頼らなければいけない部分はあると思います。しかし、この国際秩序の変化は、見方を変えれば日本国が自律していくチャンスという見方もできます。そのように捉えれば、日本側も、もう少し前向きに政策も打っていけるでしょう。

将来の日米関係は不確実性に満ちている

渡邉　インターナショナリズムへの回帰ということならば、安全保障環境も大きく変わっていくでしょう。そうすると核保有まで含めた核抑止議論も当然これからは必要になってくる。米軍の核をシェアリングして戦略原潜に搭載するというのが海洋国家日本にとっては現実的な運用です。

前述したように２０２０年のナゴルノ・カラバフ紛争でドローンが登場、ウクライナ戦争では宇宙・サイバー・電磁波の新3領域で優勢を取ることが勝敗のポイントになるなど戦争の形は全く違うものになりました。これに対応するためにも一気に古い制度をある程度ひっくり返していかなければならないのではないでしょうか。

小林　はい。今回私が思うのは、ある意味では日本にとっていいきっかけだということです。「もっと自律しろ」、「対等なんだ」というアメリカの言い分はわからなくもない。これまでのアメリカは「世界の警察」とまではいかないまでも、やはりグローバルな秩序をコントロールする、メインプレイヤーでした。で、アメリカから見れば、当然日本は大切なパートナーです。アメリカの対日観の根底にあるのは国益で、アメリカの国益上、東アジアの平和と安定というのは必要だと。また中国という唯一の脅威を抑え込む必要もある。アメリカの国力が相対的に低下する中で、日本との連携がますます必要になっているのだと思います。

ただし現在の状態から考えると、今後のアメリカに不確実性みたいなものを感じるところもある。２０２５年2月8日の日米首脳会談では、これまで通り尖閣諸島に日米安保条約5条が適用されることが確認されました。それはいいと思います。

渡邉　5条はアメリカの対日防衛義務を定めています。

小林　もっとシンプルに日米同盟は、アメリカにとってどれほど重要なのかということを、日本人自身がもっと考えるいい機会だと私は考えています。日本人に「アメリカの存在、日米同盟は大切ですか？」と聞けば、多くの人が当然のように大切だと言うでしょう。一方で、アメリカ人が日本人と同じことを考えているかというと、それは全く別問題だと私は思っています。5年後、10年後には、日本に対する関心が低下している可能性も否定できない。

渡邉　まさに不確実性ですね。

小林　そうなると、日本は困ることになる。私たちがやるべきことは、やはり同盟国・アメリカにとっての日本の価値を、日本自身の努力によって、いかに高めていくのかということだと思います。

渡邉　それは単に対米追従のようなことではないと思うのですが、どのような「価値」なのでしょうか。

小林　渡邉先生から戦い方が変わるというお話がありましたが、私も同感です。ドローンのスウォーム攻撃（ドローンの飽和攻撃）など、今までと全然違う防衛になるわけです。そうするとやっぱりどうしても技術革新が必要です。今の日本の技術力で新たな安全保障環境に対応できるとは思えない。だから私は国がもっとリスクを取って投資をしなければならないと主張しているのです。民間もリスクを取らなければなりません。鍵は、やはり技術力です。アメリカの持っていない技術を日本が持つ。あるいは日本と一緒に何か研究開発したら新しいものを生み出すスピードが上がるとアメリカに思わせることによって、東アジアにおけるアメリカのプレゼンスを日本自身の努力でつなぎ止める。

そういうことを考えるいい契機だと思いますね。

官・産・学一体のイノベーション

渡邉　石破総理は日米地位協定改定論者ですが、日米首脳会談では意図的に触れなかった。片務契約だというのが私の地位協定観です。日本に何かがあった場合、アメリカは同盟国として参戦する。しかし、アメリカが戦争する時に日本は戦争に参戦するという約束はないのですから。

小林　一応、基地を提供する形で、双務性を担保している建て付けにはなっています。

渡邉　それは「ごまかし」で、そういうところを変えないと、アメリカにとっての日本の価値は上がらないでしょう。対等にならないということは隷属的な関係ということで、このままいろんなことをごまかし続ければ隷属的な国家から抜け出すことはできないでしょう。しかし現実を周知して変革を実行するためには、国民の理解が必要で……と、また堂々巡りのロジックにたどり着いてしまうんですよ。

技術については例えば「日の丸半導体」です。「産業のコメ」として官・産・学一体で取り組んだおかげで1980年代に日の丸半導体は、世界シェア1位を獲得しました。高範囲で、当時と同じようなことが、今の体制の中でできるのかというのは疑問ですよね。日本はチーム戦が得意なのですが、今の合理主義は個人の成果を重要視するので。

小林　私は具体的に2つ、アプローチを含めて自分の中でやりたいなと思うことがあります。その一つが半導体です。まさに官・産・学が連携で取り組んでいます。

渡邉　ラピダスの北海道工場がその象徴ですよね。

小林　半導体については3年半ぐらい前に政治と官僚……つまり役所ですね、あとは本気で半導体を再生させるという民間。10人足らずのメンバーで「どうやって日本の半導体を再生させる」という話が始まったのです。もちろん、その時も専門家の方たちからは「今更遅い。国が出てきても、また失敗するだろう」と、そんな風に言われました。ただし、確実に言えることは、挑戦しなかったら日本は半導体の供給を受ける側になるということです。つまり二流国になることが確定するということを意味します。だから、勝負しなきゃいけないとなって、半導体産業を再生させることを決定したのです。

しかし闇雲に勝負するわけにはいかない。そこで当時、私が主張していたのは、「政治がやるべきことは箸の上げ下げではなくて、少なくとも10年先のビジョン、目指すべきその姿、半導体産業の姿というものをちゃんと描くこと」というものでした。それも政治家、官僚、行政、企業ばかりではなく、できればアカデミアも加えて「ビジョン」を作る。そうして半導体産業の未来像を描いたのです。

日本版COTS創設を

小林　そのビジョン実現のために国は10年だったら10年、明確な資金的コミットメントをしなければならない。国が本気を示すことで、「国がそこまでやるんだったら」という雰囲気が生まれ民間企業、あるいはアカデミアの本当にやる気のある人たちも出てきた。一例ですが、同様のことを多くの分野でやれば良いと思います。

渡邉　半導体の他には、どのようなことを？

小林　もう一つは、前述した開発支援と政府調達を組み合わせるプログラムが「COTS」の日本版実現。私は、それにこだわっています。

渡邉　2024年総裁選でも公約の一つに掲げていましたよね。

小林　何としても導入したいと思って。今、動いています。アメリカがスペースシャトルの開発を放棄したので、代わりの輸送手段が必要になりました。そこでＮＡＳＡは民間に任せるということになったのですが、実現可能かは不透明です。そこで手を挙げた企業に研究開発の金を渡して、「一番最初に実現できた人から政府が調達しますよ」と競争をさせました。

こうして成長したのがイーロン・マスク氏のスペースＸですね。

で、私がイメージしている日本版ＣＯＴＳは、宇宙に限定せず、科学技術全般を対象とする制度です。宇宙だったら通信の衛星コンステレーション開発。成功すればスターリンクに頼る必要はありません。あるいはクラウドもですね。もちろんＧＡＦＡＭに席巻されて、「もう今更遅いよ」と言われるのは承知しておりますが、安全保障を考えれば本当にそれでいいのかは疑問です。

こうしたことを国家プロジェクトとしてやるべきです。時間がかかるかもしれないけど、お金出すので、やれる人は是非手を挙げてくださいと、最初に実現した方から政府が調達するという仕組みです。国は財政出動を含めて、ある程度、腹をくくって国家プロジェクトを打ち出していく。そのことによって、本当に日本人技術者・研究者の心に火をつけるというのが、もう一つの本懐です。

渡邉　政治家がやるべきことは夢を与えることですから。国家が夢なり、目標なりを設定しないと、民間は何も動かない。焼け野原から育った戦後第1世代の経営者が創業していた時は、みんな元気だった。ところがサラリーマン社長に時代が変わってから、イノベーションに対する熱意がなくなっていってしまった。

政治の世界も多分一緒だと思うのですが、現在の停滞した環境というのは、やはり大きく変えていく必要があって、それは政治の仕事ではないかと私は思います。

代表的には文科省ですが、文科省の科研費の本来の目的は、国益への寄与ですよね。それがあるから税を投下できる。なのになぜか国益とは真逆の文系の学問に科研費が投下されている。

今後は、「国益」を基準に科研費適用をスクリーニングするべきです。

その上で、例えば宇宙分野や、新型原発、核融合など重点項目を決めて、それに対して科研費を注力していけば、今の予算規模でも十分できる話だと思います。ただこれを実行する政治家さんがなかなかいない。

小林　そういうことをやらなかったら、日本は早晩二流国になる。そのことはもう明らかです。

渡邉　そうですね。

危機を伝える政治への転換

小林　科学技術については多くの戦略や基本計画が存在します。しかし、現実的に結果が出ているかというと出ていない。そうして、国際社会の中で地位が下がってきているのが現実なのです。

やはり具体的な夢や目標を政治がきちんと示して、実際に応援する。もちろん失敗するリスクはある。あるのですが、挑戦していかないと、この国の未来はなかなか開けないと、私は思うのです。

渡邉　トランプ政権でイーロン・マスク氏が行っている革命も「アメリカがこのままだとダメになってしまう。二流国になってしまう」という危機意識がさせていることで、一気にやっているのは危機が深刻であることの裏返しだということなのでしょう。もちろん、「一気にやる」というのは議会制民主主義の我が国では難しい。しかも自民党は、2024年衆院選でボロ負けしていますから、逆に言うと反省して（笑）。

小林　反省します。

渡邉　反省しているなら、「骨太の方針」だとか、誰も読まない「政策バンク」なんてやめた方がいいですよ。やり方は良くないですが、国民民主はわかりやすいじゃないですか。

小林　国民民主の国民への訴え方、発信の仕方には学ぶべき点があります。一方で流通に例えると自民党は専門商社じゃなくて、総合デパートですよね。

渡邉　政権政党ですから。

小林　政権政党としては全ての分野で政策メニューがなければいけない。その上で今回の「セールではこれがお買い得ですよ」みたいな…今風に言えば「刺さるメッセージ」を出す必要を痛感しました。実は年収の壁を克服するみたいなことは、政策バンクの公約集の中には入っているのです。だけれども、誰も気づかない（苦笑）。

やはり売り出し方というところは改善の余地が大きいと思いますね。

渡邉　安倍政権の時は安倍晋三元総理の演説を、有権者の皆さんが聞いていました。中身は伝わっていました。つまり安倍元総理は、広告マンまで担っていたということです。ところが菅義偉氏が総理になっても、岸田文雄氏が総理になっても誰も聞いてない。現在の自民で、広告マンの資質が一番あるのは、麻生太郎先生ですが、麻生先生は物議かましますからねぇ（笑）。

小林　ハハハハハハ。

渡邉　自民党という枠だけではなく、これまでの日本の政治家、あるいは永田町全体が「知らしむべからず」を貫いてきた。国民に脅威を与えないことがいい政治であるとされてきてしまったのです。恐怖を煽るということではなく、本来は、目の前に危ないことがあったら、伝えないとダメなはずなのです。

原発政策が「安全神話」を土台に進められてきたのが典型例で、本来は「事故のリスクはある。一方で、安価で良質な電力の供給能力はリスクをはるかに上回る」と説明するべきだった。

だから小林先生の「このまま行けば二流国になる」という発言を聞くと、多くの日本人はかなりドキッとすると思いますよ。ただしそれは悪いことではなく、トランプ時代以降の日本の政治家にとってなければならないことです。

政治家は核抑止議論から逃げてはならない

小林　その部分は本当に賛成です。今自分の中でどんな時間軸で問題意識を持っているかと言うと、２０４０年とか２０５０年……少し先のことを考えています。もちろん目先の話も重要なのですが、今のトレンドのまま行くと15年後、20年後に日本は二流国、三流国になってしまう。

誰も、そんな国にしたくはないですよね。

私は日本が一流国である未来を目指したい。そのビジョンなり、計画なりを打ち出すのが政治だと私は思います。目指すべき未来像と現実とのギャップを埋めるためには、「こういうことをみんなでやっていきましょう」、ということですね。そうした中長期の目指すべき姿を皆さんに示した上で、短期と中期と長期の政策というものをパッケージとして見せていくのが、国家戦略だと私は思っているのです。

渡邉　先ほどの日米同盟の話にもつながりますね。

小林　それを安全保障に当てはめると２０４０年、２０５０年になった時の日米同盟のあり方をイメージする必要があります。もちろん将来にわたって私は、日米同盟が日本の外交安全保障政策の基軸であるのではないかと思います。

ただし現在の日米の関係と比べた時、中長期先のアメリカは、本当に今のように密に連携して、頼れる存在なのか断言できるかと言うと、そこはわからない。わからないとすると、やはり日本がもっと自律していかなければいけない。

じゃあ、2040年とか2050年ぐらいのスパンで見た時に、やはり日本は自らの意思と力で自国の国民の命とくらしを守れる存在になっている必要がある。そうすると抑止力と対処力を上げて行かなければならないわけですね。

渡邉 核抑止にたどり着くということですね。

小林 私は、日本が核兵器を保有すべきと主張しているわけではありません。ただ中長期の日米関係を考えれば、拡大抑止の議論は、もっと真剣に政治家が向き合わなければいけない。政治家が向き合わなければ、国民には、その必要性さえ伝わらないですよね。

渡邉 そうです。日本近海に戦略核を搭載した戦略原潜を常備するだけで日本、韓国はもちろん台湾、フィリピンを含む東アジア全域に対する抑止力を格段に上げ、中国、ロシア、北朝鮮が間違った考えに陥らないようになるとされています。コストと抑止力のバランスから考えれば、これほど合理的なことはありません。

憲法改正議論は待ったなし

小林　中長期という視点から考えていくとそろそろ核抑止の議論は始めなければならないことになります。同様の考え方から、憲法改正議論も一層加速しなければならない。2025年現在の政治情勢では難しくなってしまいましたが、最短でも2030年ぐらいまでには憲法を改正しておく必要がある。特に9条についても、やはり5年以内には一定の方向性、あるいは結果を出していかないといけないと思います。

もう一つ、日本の弱い部分がインテリジェンスだと私は思います。列島周辺の安全保障環境が劇的に変化する中で、対外情報機関の設立はマストだと考えています。

渡邉　現在では対外インテリジェンスの中心になっているのは外務省です。その外務省が対外情報収集に本腰を入れたのは、2013年のアルジェリア人質事件で日揮関係者が殺害されたことがきっかけです。イギリス、アメリカのように天井知らずの権能を持てとは言いませんが、法的整備が全く追い付かず、できることが極めて限定的でインテリジェンスとは言い難い。

小林 日本が自律した国になるためには、絶対に必要です。2040~50年という視点に立てば、その時までには対外情報機関を保有していなければならない。他の同志国とも対等に渡り合えるように情報を収集・分析できるような組織にするためには、2025年の「今」何をしなければいけないのか、ということを議論しなければ。

このように中長期の視点に立って今からやるべきことは山積しています。

渡邉 それを国民が理解していないのが問題で。伝わっていないというところに戻ってしまう。

小林 ええ。

渡邉 どうやって伝えていって国民に理解してもらうかが日本政府は本当に下手でして。先ほど申し上げたように、自民党としてどうやって広報を改革して、広報能力を充実させていくのか、政府も含めて本気で取り組んでいかないと。今の広報体制では、やらなければならない政治課題を解決することもできない。

小林 そうですね。

もちろん国民の皆さんには、今日のご飯と明日の夢が必要だと思います。中長期の話ばっかりしていても、多分刺さらない。「今日の日本国民が欲しているもの」を刺激して支持を得ているのが国民民主党です。やはり、刺さるものも同時にアピールしていかなければならない。

渡邉　今までだと電通さんにおんぶにだっこでお願いしていたのを、自前でやらなきゃいけないから大変ですよね（笑）。

小林　ハハハ。

「情報特権の独裁」から「情報の民主化」へ

渡邉　週刊文春編集部ではないですが、毎週1回程度は公表テーマを話し合うセクションがあってもいい。広報の中心が官房長官であることが問題で、専門のセクションをきちんと作るべきですよ。前述した政府専門チャンネルなり、動画配信なりのプラットフォームを通じて、能動的に発信していくことが第一歩です。見てくれるかどうかは、その次の問題ですね。

小林　そうですね。見てくれるかどうかは不透明でも、ここに行けば政府の情報が取れるという、政府からどんどん情報を発信するようなプラットフォームは必要ですよね。

情報発信という部分で私が強調したいのは、政治家本人が思いを持って、熱量を持って語ることの重要性です。DXとは真逆のアナログ的な言い方ですが、やはり人を、国民を動かすというのは、その心に訴えかけるということに尽きると思うんですね。

渡邉　もちろん、そうでなければ伝わることはないですよ。そういう意味で思い出されるのが、大勲位こと中曽根康弘さん。劇団四季創設者の一人で演出家の浅利慶太さんをブレーンにしていた話は有名です。

小林　そうですね。

渡邉　演劇的なメソッドを取り入れるというのは古いようでいて、新しい。ウクライナのゼレンスキー大統領も元コメディアンで、名演説は服装などの「演出」部分が手伝っていると言われています。

若い頃の小泉進次郎さんは、前後にICレコーダーを置いて、自分の演説を録音。移動中の車中でも、自分の演説がどのように聞こえるのかをセルフチェックしている。落語から話の間を学んだという話もあります。もっとも、「伝える力」ばかり強化しても、肝心の「中身」が伴わなければアレなんですけど……。

例えばロイターとかブルームバーグのような、毎日、政府が発信するポータルを作ると言うだけでだいぶ違ってきます。まず有権者が見られるようにすれば。伝える力の問題が露呈する。それだけでもだいぶ違ってきますよね。

政府がポータル作りたいって言えば、孫正義さん辺りなんか、「すぐにＹａｈｏｏ！ニュースでやってください」なんて食い付いてきそうですけどね（笑）。

小林　そうかもしれませんね。

渡邉　総じて言えば、トランプと比較した時の日本の政府の広報発信力は、あまりにも劣っていると。相当改革をしなければ政策実行能力にも悪影響を与えるということです。それをトランプ陣営の言う「情報の民主化」は必須でしょう。

小林　情報の民主化ですか。

渡邉　一部の特定のレガシーメディアだけが情報を操作できるような時代は間違っています。その上で、「ファクトチェック」と言われるようなこともイデオロギーによって全く違う答えが出て言論弾圧化するリスクがある。

そこで１つの発信に対して、２つの意見を貼り付けられるような「ノート型」にする必要があると考えます。賛否の両論が併記される形です。これは日本も学ぶべきです。

情弱すら騙せなくなったメディアの沈没

渡邉 現在の政府側はSNS規制を模索していますが、選挙や災害時、有事などを考えればデマなどの横行を防ぐためにSNS規制は必要でしょう。しかし平時の言論まで絶対に弾圧するべきじゃないと、私は思う。発言した言論に対しては責任を持ってもらう必要はあるけれども、言論弾圧政策を政府側が進めるのは間違いです。

小林 そうですね。

渡邉 繰り返しの論点になりますが、SNS規制についても日本政府は発信しない。だからXで「日本政府はSNS規制をやろうとしている」という意見が並ぶわけです。

問題は2つあって一つが政府の説明能力と、もう一つが一部の特定レガシーメディアによる取材特権の独裁です。独裁するから伝えない自由や、意図的偏向が行われるので、トランプ政権は「民主化」を実施したと。

小林 う～ん。

渡邉 現在のアメリカでは報道官の発表をSNS、ブログなど多くのポータルサイトでリ

安倍元総理による情報発信の一例

今井　総理、私はこの間、ネットでニュースを見ていましたらこんなのを見つけて、ちょっとびっくりしたんです。

これはある自民党の議員のフェイスブックへの書き込みですけれども、謝らない朝日新聞というタイトルだったかな。いつもおっしゃっている、開成学園と安倍晋三小学校ですか、その違いのことですけれども、そのことを指摘して、「哀れですね。朝日らしい惨めな言い訳。予想通りでした。」これは総理が書かれたんですか、本当に。

安倍　これは私が書きました。

かつて、私がＮＨＫに圧力をかけたという全く捏造の報道をされたことがあります。そして、朝日新聞はそれを検証したんですが、私が圧力をかけたという事実をつかむことができなかったという検証だった。でも、彼らが間違えたということは一度も書かない。私に一度も謝らない。

かつて、サンゴ礁にＫＹという傷をつけたのはダイバーだと書いた。でも、そうではなくて朝日のカメラマンだった。なかなか謝らなかった。しかし、最後は、責任を社長がとったんでしょうか。そういうことが連続ですよ。

そして、吉田所長の調書。これも、最初は全然謝らなかった。自分たちの正しさを主張したけれども、しかし、実際調書そのものが出てきたら、そこでやっと謝ったわけであります。

そして、吉田清治の証言に至っては、これは日本のまさに誇りを傷つけたわけであります。

そして、今度のことについても、安倍晋三記念小学校という、これは全く違ったわけであります。しかし、これを訂正もしていないわけでありますから、まさに国民の間にそういう安倍晋三記念小学校だったということが浸透している。しかし、実際は開成小学校だった。

この黒塗りの部分、これは、籠池氏の言ったことをそのまま書くのではなくて、その原本があるはずであります。原本があるんですから、その原本に当たればすぐにわかるはずであります。原本に当たるという、記者がとるべき裏づけも全くしなかった、最低限のことをしなかったということであります。

そして、検証記事を書いた。検証記事を書いたにもかかわらず、これは籠池さんが言ったから、それはそのまま書いたということしか書いていない。自分たちが記者として最低限果たすべき裏づけをとらなかったということについては全く言及がないということについては、これで私はあきれたわけであります。それはある意味では、今までのことをずっと見てきて、予想どおりだったということを述べているところでございます。

* 敬称略。2018 年 2 月 13 日の衆議院予算委員会より
今井は今井雅人氏。当時、希望の党で 2025 年 3 月 1 日現在は立憲民主党所属

アルタイム発信してしまう。こうなると偏向することができません。アンチ・トランプの大手メディアが間違った記事を発信しても、報道官自身が証拠付きで反論。それをSNSで発信されてしまう。

誤報されても「遺憾」で済ます傾向の強い日本政界にあって、現在のトランプ的手法を使っていた数少ない政治家が安倍元総理ですよ。2018年2月の衆議院予算委員会では、朝日新聞の記事を基に野党側が「モリ・カケ」を追及すると、朝日新聞の過去の誤報を列挙して議場を笑いに包みました（前ページ「安倍元総理による情報発信の一例」参照）。

麻生太郎先生も、折に触れ「朝日新聞の反対が正解」だとおっしゃっています（笑）。

小林　そこはノーコメントです。

渡邉　下野時代の自民党がそうであったように、野党は与党になるべく能動的に情報を発信します。一方で与党になると批判を恐れてそうした姿勢を控えてしまう。与党であっても能動的に情報発信するという方向にマインドセットしなければ、野党に落ちてしまうという危機意識を与党の国会議員は全員共有するべきだと思います。

そもそも与党議員が恐れるのは「紙」と「電波」を媒介にしたレガシーメディアです。しかし「紙」のメディアは存続の危機にあります。2025年3月には、ファミリーマートとローソンの計約1万店が雑誌販売を終了。これに伴って大手取次トーハンは雑誌の扱いをやめました。『夕刊フジ』、『東京中日スポーツ』が休刊した背景には「紙メディアの終焉」というメディアの転換が影響しているのです。リアルタイム配信が当たり前の時代に前日のニュースを一面で報じる構造のメディアが生き残っていること自体が異常なのです。

この辺りの是非を現職の政治家にはお答えしにくいと思いますが、私の著書『情弱すら騙せなくなったメディアの沈没』（徳間書店）で詳説しております。

ともあれ、政府発信の専用チャンネルを持つ必要性はあると私も思います。

小林　そうですね。

第4章 トランプ革命と新たな日米関係

第5章

大国に揺らされない自律国家への転換

死の谷から技術を救え

渡邉　先生が汗をかいてらっしゃる「日本版ＣＯＴＳ」ですが、技術によるイノベーションで私が思い起こすのは技術の「死の谷」問題です。先生はご存じだと思いますが、一般読者のために少し説明させていただきます。

国家防衛戦略において「先端技術を防衛目的で活用することが死活的に重要」とされていることから、防衛省では２０２０年度から「先進技術の橋渡し研究」に取り組んでいますが、その際のキーワードが技術の「死の谷」です（次ページ上図「先進技術の橋渡し研究と死の谷」参照）。

民生技術の基礎研究の中には、ニーズとシーズ（提供する商品・サービス価値）のミスマッチ、あるいは資本や人材の不足などの問題で放棄されてしまう基礎研究が多くある。いわば「死の谷」に棄てられてしまう構造があります。

そこで防衛省は「死の谷」から防衛技術に転用できる技術をすくい上げ、防衛装備品開発に橋渡しする研究が行われています。現実的に光無線による水中の１対１通信技術は、

先進技術の橋渡し研究と死の谷

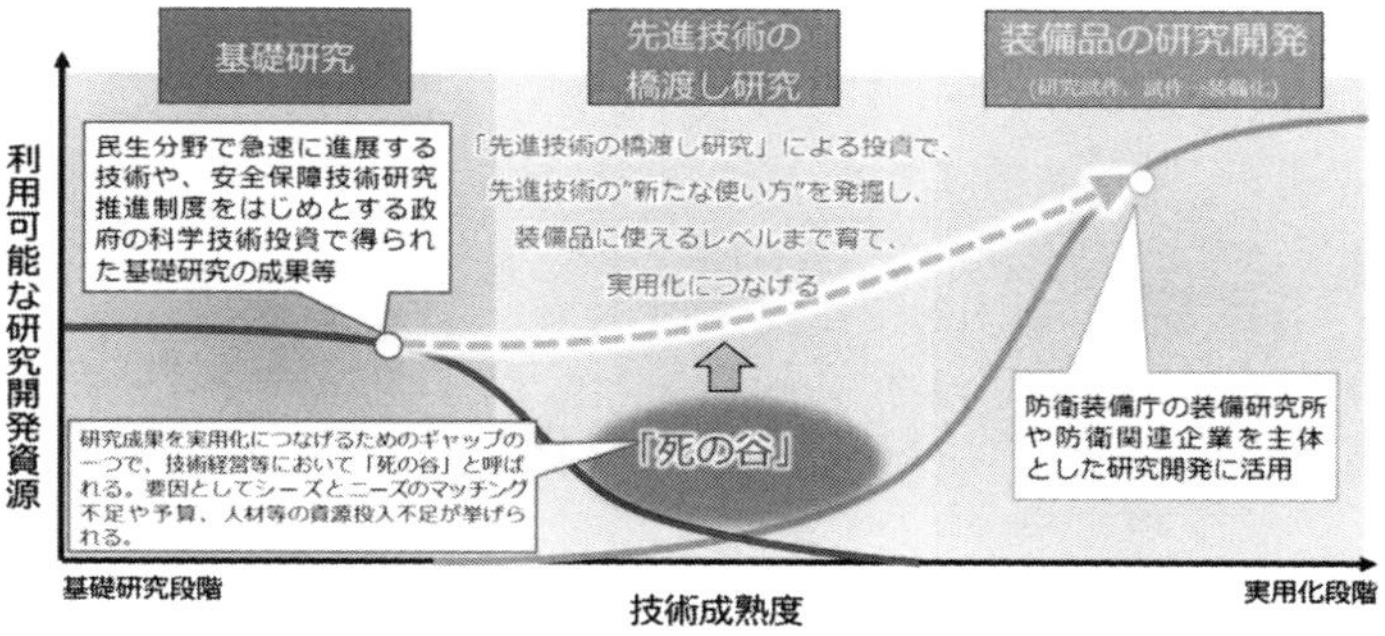

UUVへの転用例

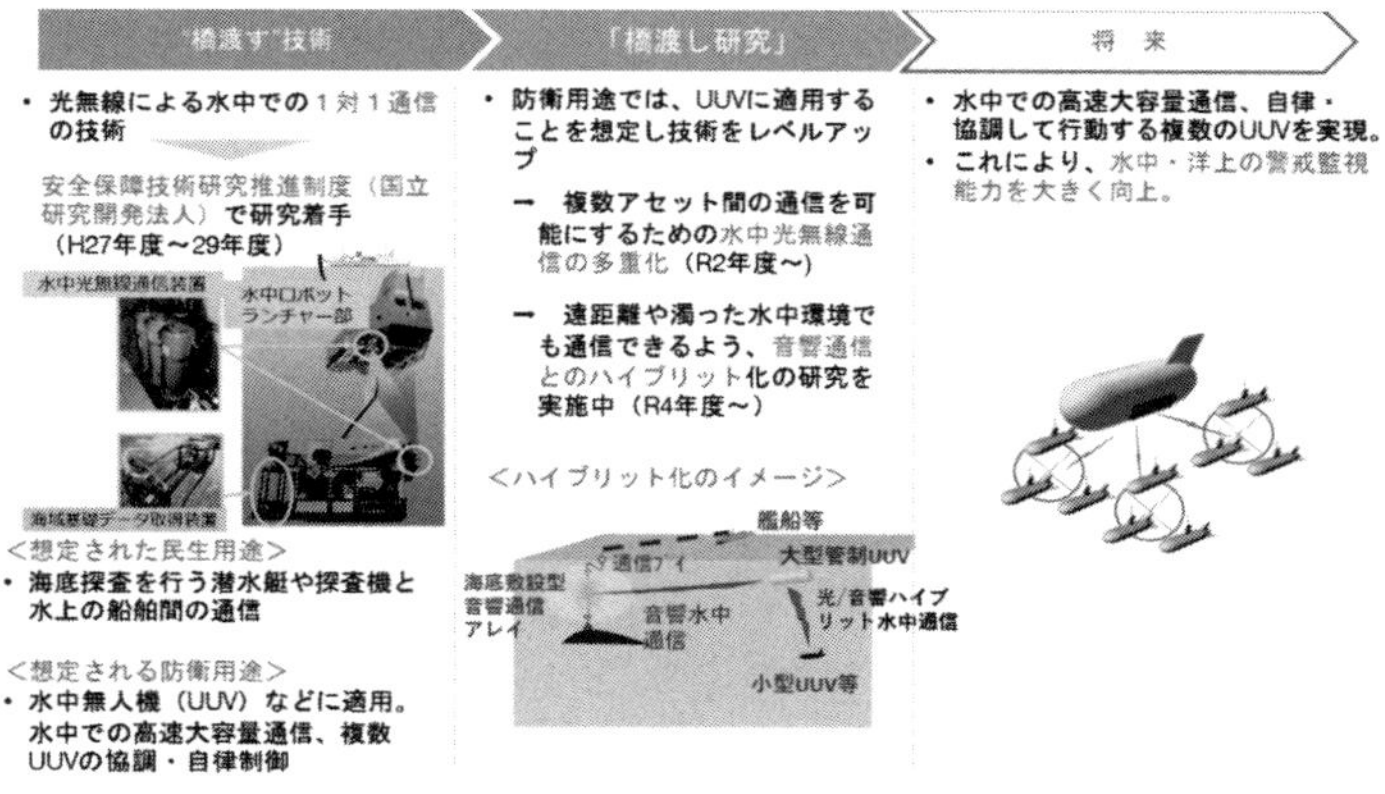

UUV（無人潜水艇）に応用されている（前ページ下図「UUVへの転用例」）。同様のケースは個人装具や無人機への適用を想定した夜間暗視装置開発や、散布された有毒物質を遠隔から可視化する装置開発などが生まれました。

これを考えても明らかなのは、民間の基礎研究の把握と管理の必要性です。

ところが先生もご指摘のように技術を中核としたイノベーションは、「自由な研究環境」と「研究の管理」という二律背反した問題を内包している。政府がどこまで民間あるいは大学の研究を把握しているのかがキーになってくる。そのために必要なのが……。

小林　経済インテリジェンスですね。

渡邊　そうです。日本ではインテリジェンスが全く整備されていないのもご指摘の通りですが、技術面でのイノベーションを立体的に行うためのヒントが、イーロン・マスク氏のDOGEにあると私は考えています。

DOGE軍団が行ったのはAIとグラフ型データベースを組み合わせることによって不正と無駄を可視化することです。日本の国税庁に相当する「内国歳入庁」と、社会保障を管轄する「社会保障局」など複数のデータを比較して、矛盾などの「エラー」を吐き出していく。その結果が、8000万人の幽霊です。

通常のデータベース検証ではAとB、2つを比較して不整合を吐き出すのですが、DOGEが使用しているのはBとC、Dのつながりです。だからオフショアなどを介して複数の金融機関、金融商品を媒介にして資金移転をすることで成立するマネーロンダリングを検出できるのです。

霞が関にAI専門機関を

渡邉 経済インテリジェンスを構築するためには、AIの専門セクションをどこかに作ることが一番効率的だと考えます。

小林 そうですね。

渡邉 この技術の核心的なところは、適用する分野が「不正検出」に留まらない点です。米中デカップリング時代の輸出規制強化の中で端的に思い付くのは「サプライチェーン分析」です。例えば純日本製の自動車を作るという目的があった時に、欠落点が見えてきます。アメリカではF-35に中国製の材料が組み込まれていたというシャレにならない問題が、開発後に明らかになりました。このような最先端の防衛装備品の開発にも応用できる。

やはり相当領域でオートメーション化していかないと、アメリカの今の速度には付いていけません。

ただし日本の技術はまだまだ武器になっていて、半導体にしても基礎技術はほとんど日本メーカーのもので、組み上げる技術が喪失してしまった。そうした「死の谷」に落ちる技術をすくい上げて橋渡しすることは、経済インテリジェンスとして取り組むべきです。

それでも「死の谷」から全ての技術を橋渡すことは不可能です。ある程度、重要な分野が設定されていなければならない。ところが、例えば科学技術庁は「分野別推進戦略」として8分野を発表しています。「重点推進4分野」としてライフサイエンス、情報通信、環境、ナノテクノロジー・材料。「推進4分野」としてエネルギー、ものづくり技術、社会基盤、フロンティアがそれです。ところが研究開発課題が選定され、設定された目標は実に合計273ですよ。

かなり広範すぎる印象ですし、現実感が持てません。

小林 中国政府は2015年に国家戦略として「中国製造2025」を発表して、重点10分野と23品目を設定しました。この重点分野と目標設定は、概ねどの国もオーバーラップする傾向があります。日本も科学技術基本計画として「一応」やっています。ただし、どこまで深く分析して、力点を判断しているのか……やや広く漠とした印象がありますので、「重点化」を考えた方がいいと思います。

脱DEIとアンチ・グリーン

渡邊 トランプ政権の大きな改革の第一は「移民問題」。この移民問題は2024年大統領選挙の大きな争点になったように、アメリカの内政問題という側面が強い。そうではなくて国際的に大きな影響を与えるであろうと考えられているのがアンチDEIです。

大統領選の約2カ月前に上梓した『トランプ勝利なら再編する新世界の正体 日本はこうなる』（徳間書店）で詳説していますが、DEIとは、「Diversity（ダイバーシティ＝多様性）」「Equity（エクイティ＝公平性）」「Inclusion（インクルージョン＝包括性）」の頭文字からなる合成用語です。典型例がLGBTの社会浸透ですね。マクドナルドなどの企業がDEI施策を停止しました。

もう一つが、エネルギー安全保障に大きく関係する「アンチ・グリーン」。連邦政府内の禁止だけではなくて連邦政府と取引する企業、連邦政府の補助金を受ける民間企業にまで適用されます。グリーン推進の原動力になっていたのがグリーン投資で、一種の金融商品のようになっていました。ところが、ＦＲＢと直接取引ができる証券会社、銀行は全部地球温暖化対策の会議から続々と降りてしまいました。

一連のアンチＤＥＩ、アンチ・グリーンに対する日本政府の姿勢はまだ定まっていませんよね？

小林　今回のトランプ政権による反ＤＥＩや、反グリーンの流れに対して、日本政府は今すぐ何かを変えようとはしていないと考えます。２０２５年2月18日に第7次エネルギー基本計画が閣議決定されましたが、経済産業省は、

〈同時に閣議決定された「ＧＸ２０４０ビジョン」、「地球温暖化対策計画」と一体的に、エネルギー安定供給、経済成長、脱炭素の同時実現に取り組んでいきます〉

としていますから。

渡邉　ＧＸはグリーントランスフォーメーションの略で、温室効果ガスの排出削減と経済成長の両立を目指す取り組み。また地球温暖化対策計画では、日本の温室効果ガス削減目標を、２０３５年度に２０１３年度比で60%、２０４０年度に73%削減するとしています。

小林　やはり急に変えることは難しいということなのだと思います。今の日本の金融機関

の方たちも、「トランプ政権の脱グリーンの動きには注視しているけれども、この大きな流れ自体は変わらないだろう」と思っている人が大半というのが私の印象です。

脱SDGsの流れに日本は…

渡邉　私の印象では2024年8月くらいから金融面での潮目が変わってきました。日米のオールドメディアではカマラ・ハリス氏優勢とぶち上げていた頃ですから、動きは速かった印象です。

一方で日本企業の動きは緩慢を超えて思考停止をしている印象です。

2025年2月13日にホンダ・日産の経営統合協議の打ち切りが発表されました。ホンダの三部敏宏社長が、ホンダの夢である飛行機のバッチを付けて会見したのに対して、日産自動車の内田誠社長はSDGsバッチを付けて会見したのです。

SNS上では経営危機は当然という意見が大半でしたね。

小林　そうですか。知らなかったですね。

渡邉　2024年8月8日、神戸製鋼は中国の「宝武アルミ」と自動車用アルミパネル合弁会社設立を発表します。2025年2月13日に上海で設立パーティーを開催したのですが、この時に神戸製鋼の勝川四志彦社長もSDGsバッチを付けていらっしゃった。

会長の十倉雅和氏を始めとして経団連の中国にご熱心な経営者の方は、なぜか皆さんSDGsバッチを常備していらっしゃいます。トランプ政権以降のアメリカが脱グリーンに向かう中で、SDGsバッチを付けて公の場に出る――これは、アメリカの金融機関におカネを借りないというメッセージと受け止められかねないでしょう。このレベルで日米関係が理解ができていないということの理解ができません。

太陽光は反社の資金源になっていましたが、今どきはそうした人たちもSDGsバッチを外しているのにですよ（笑）。

小林　ヨーロッパを含めてSDGsの旗はまだ降ろしていないですよね。

渡邉　しかしトランプ大統領は就任してすぐにパリ協定から離脱する大統領令にサインしています。今後、4年間、アメリカ不在でSDGsが進むとは現実的には考えられません。ヨーロッパだって大手金融機関などはSDGsから離脱していくと予想しています。

小林　そうは思うのですが、これまでの日本の企業の姿勢から考えれば、ヨーロッパの企業が離脱していった後に続くのではないですかね。

渡邉　横並びの意思決定は日本企業のお家芸で、フジテレビ問題でCMを取りやめる際も、「他がやったら」ということでドミノ式にCMが停止されていきました。

小林　「それで良いのか」という話ではあります。でも企業にとって、方針転換はリスクでもある。だから国がもう少し後押ししてあげることが必要になってくるかもしれないですよね。

渡邉　トランプ氏当選後は三菱UFJや、三井住友銀行さん規模で海外と直接大型取引しているような金融機関は、トランプ以降にSDGsバッジを付けて交渉したら相手にされない状況ですよ。アメリカとの間で証券の組成ができないと、銀行は潰れてしまうではないですか。太陽光にしても、風力にしても日本でやったはいいけど、債権の買い手がいないという話ですから、誰も触らないです。三菱商事さん辺りが洋上風力をやめるというのは、象徴的な話ですよね。

グリーンの正体は政治運動

小林　政府としても何とかGXを支援をしようとしていますけど…。

渡邉　支援しても無理という印象ですね。まぁ陸上の風力ではなくて、洋上風力は海に囲まれた日本の地勢から考えると現実味があることは理解できますが…。

小林　洋上風力については、可能性はあるのかもしれません。ただし、コストを低減できるのか、日本が世界のマーケットをきちっと取っていけるのかというところを考えると、やはり不確実性が多い。

渡邉　アメリカで洋上風力計画が全部止まってしまったので、日本で開発したところで技術の買い手がいない。海外に輸出できない。

小林　私が思うのは、日本の金融機関の人たちを含めて、「トランプさん、あと4年で、その先またどうなるかわからないよね」と考えて、いわゆる様子見を選んでいる方が多いということです。もちろん、渡邉先生がご指摘の通り、こうなるもっと前から、トランプ氏勝利後、アメリカは脱グリーンに変化するということもわかっていました。

渡邉　本当にグリーンが気候変動に寄与すると信じて取り組んでいるとは、私には思えないです。

小林　日本においては「カーボンニュートラル」が大前提になって多くの政策が組まれて

います。けれども、その有効性や実効性を少し疑ってみる姿勢も必要です。政治や行政に関係する人たちの中には、「カーボンニュートラルは大切だ。だから、世界に先駆けてやるべきだ」と前のめりな方が多いように感じます。

渡邉 まぁ、政治運動ですよね。

小林 「カーボンニュートラル」という言葉の裏では各国の国益や企業の利益がぶつかり合っていますから冷徹に、したたかに動くべきです。あくまで我が国の企業の競争力を確保していくことが大切です。

渡邉 アカデミアの世界も「CO2が地球温暖化にどれだけ影響しているのかわからない」という見解が8割ぐらいでした。この多数派の意見を無理やり言論弾圧的に封じ込めていたのですが、ここに来てトランプ政権がアンチ・グリーンを始めた瞬間に専門家の人たちがCO2懐疑説を公言し始めたのです。

日本製石炭火力を売り込め

渡邉 「地球温暖化の原因はCO2」という説の真偽が科学的に不明な状況でカーボンニ

ュートラルをやっても意味がない。そもそも日本のCO2排出量は微々たるもので、CO2排出大国の中国やインド、ロシアなどが本気で取り組まない限り、地球規模でCO2は減らない。日本が国内だけでカーボンニュートラルに取り組むくらいだったら、それこそ日本の得意な石炭ガス化複合発電（IGCC）やガスタービン・コンバインドサイクル発電プラント（GTCC）を売り込む方がよほど実効性があります。中国、インドなどCO2排出大国の火力発電を日本の高効率炉に置き換えるだけで、簡単に日本1国分の排出量を削減できるのですから。

小林　いいと思います。私は今回も第7次エネルギー基本計画作成の際に、結構主張した

のですが、そこには入らなかったですね。発言力を増す、いわゆるグローバルサウス諸国の中には石炭火力発電を必要とする国も多いので、外交上のツールとしても活用できます。

渡邉 トランプ政権誕生が確定してから、ガスタービンの売上が3倍ぐらいになっていると聞きました。脱グリーンにシフトすると多くの人が認識した証左と言えるでしょう。特に問題なのはLNG（天然ガス）万能説で、資源貧国・日本のエネルギー安全保障を考慮したら、石炭火力は相当程度残しておかないといけない。LNGは備蓄が困難ですから。

小林 そうなのです。LNGは経済安全保障推進法の特定重要物資に指定し、安定供給の確保に努めていますが、備蓄に不向きなのです。

渡邉　2025年2月8日の日米首脳会談では、トランプ大統領がアラスカ産出のLNGについて日本と共同事業に向けた協議を進めていることを明らかにしました。アメリカは日本にとってのLNGの主供給地の一つになりそうです。

優先されるべきは日本企業の競争力

小林　アメリカから輸入することは歓迎なのですが、やはりどんな時に、どんなリスクシナリオが顕在化したとしても安定供給が実現されなければなりません。しかもできるだけ安価な供給を達成しなければならない。

そのためにも石炭は絶対に必要なのです。

そのことは経産省も資源エネルギー庁も理解していますが基本計画では、やはり腰が引けた書き方をしている。少し遠慮している感じです。

渡邉　背景にあるのは排出権取引でしょう。金融屋さんたちが排出権取引で儲けていたので、日本政府にお金を出させようという人たちがたくさんいたということだと私は見ていますよ。

小林 私はCO2削減を主としては考えていません。優先的に考えなければならないのは、日本企業の競争力をどうしたら高めることができるのかということです。CO2を削減していくことによって日本企業が強くなり国富を生むのであれば、削減量を高く設定する意味があると思います。

しかしCO2削減が日本企業の競争力強化につながることが難しいのであれば、やはり、もっとしたたかに対応すべきです。

企業の競争力の向上や、国富の拡大を優先すべきです。

渡邉 いわゆる「エア削減」ですが日本人は変なところで真面目なので、「姿勢だけ」というのが苦手です。レジ袋をスーパーで買わずに100円ショップで買って持参しているのが象徴的ですが。

先生のおっしゃるように、重要なのは日本企業の競争力ですよ。物の値段は基本的に原材料、人件費、エネルギーコストで成立します。このCO2削減を目標にすることでエネルギーコストが高くなってしまう。

小林 ええ。そうです。競争力に直結してしまうのです。

海底資源という「夢」に取り組むべき

渡邉　国際価格である原材料費はそう変わりません。人件費は為替によって変わります。日本にとって深刻なのはエネルギーコストです。日本がこの30年なり発展しなかったのは、産業用電力のコストがアメリカの実に約3倍、韓国、中国の約2倍だからというのは決して大げさな話ではありません。特に東日本大震災以降は高いエネルギーを買い続け、このことが国内産業の空洞化の最大の要因となった。

「どうやって電気代を安くするか」

というのを考えたのがトランプ陣営、というかアメリカ民主党で「ドリル、ベイビー、ドリル」をスローガンにして大統領選を戦いました。つまり石油を掘って掘って掘りまくれということですね。

小林　はい。

渡邉　エネルギーの価格交渉で、代替エネルギーの有無は非常に重要な意味を持ちます。高くふっかけられても代替エネルギーがあれば交渉を蹴ることができる。原発が稼働していた時は、電気を武器に石油やＬＮＧの交渉を行うことができました。

現在アメリカは高インフレに苦しんでいますが、エネルギーコストを下げればインフレは抑制できるというロジックです。もちろん日本には石油がない。石油はないですが石炭はドリルできますから。

小林　その通りで、石炭は採れるのです。資源・エネルギーについて、国民に夢を与えるという文脈で言えば、私は海底資源に、もっとチャレンジすべきだと思います。

渡邉　海底資源がいつも試験採掘で終わってしまうのはなぜなのでしょうか。

小林　やはり採算が合わないという話になるのですが、大きな可能性を秘めていることは間違いない。だからこそ国が「本気でやる」という意志を示さないと、実現は無理でしょう。

渡邉　あるのはわかっているのですが、採掘は行っていないのですよねぇ。

小林　ええ。

渡邉　海底資源の議論はこれから必要なのは間違いありません。一方で採掘コストが高く、海外から安く調達できる時は、輸入による供給の方が負担は少ないことも事実です。先ほどのリスクシナリオという部分で考えると、採掘をやめるというのではなく、「いざという時に採れるようにする」という仕組みだけは作っておく必要があると思います。

国力を高めるためにはまず経済

渡邉　総論としてまとめに入っていこうと思います。まず、「トランプ時代の日本のあるべき姿」というのはあるでしょうか？　中長期的展望に立った日米同盟の姿に触れていましたが、劇的な変化は、多分トランプ大統領の4年間だけでは終わらないと考えています。

すでにドイツで軍制服組トップが「2029年にロシアがもう一回攻めてくる」と公言して、ウクライナへの派兵まで議論されています。ユーラシア大陸内部の混乱状況が、このままで済むとはちょっと思えません。地政学的なロジックで考えれば、ユーラシアの混乱は世界の混乱を呼び込みますから、楽観視はできないと思うのです。

小林　私も、世界の劇的変化が続くであろうことは実感しています。ただしアメリカがどのような政権になろうが、日本は国力を高めなければならないということに尽きると思っています。

渡邉　本質はそこですね。

小林　そこで国力を高めるとは何かという話になるのですが、経済、安全保障、科学技術面でのイノベーション、あるいは教育と多面的にテーマがある。中でも第一は経済力を高めていくことだと私は思います。

アメリカや中国というのは大国ですから、その動向は、日本の政策決定をする上で当然大きな変数にはなる。なるのですが、そこに振り回されない、振り回されすぎないような国にしなければならない。自分の国の政策は自分の意思でちゃんと決めきるような、そこまでの国力を付けていかなければいけないと思っていますね。

本当の意味で日本を自律した国にするということです。

能動的で弾力的な財政を

小林　そのためにはこれまでの延長線の政策だけでは、経済も安全保障面でも「国力」は大幅には高まらないと思っています。これまで日本では議論から目を背けてきた政策課題についても、政治が向き合っていく必要があるでしょう。

渡邉　目をつぶっていたという政策課題とは具体的にどうのようものでしょうか？

小林　まずは形にしていくという意味では、私は憲法改正だと思っています。安全保障で言えば核抑止の議論ですね。今後どういう政策を取るかどうかというのは別として、政治家が議論すら放棄するというのはおかしい。日本列島の周辺環境の厳しさを考えれば、政治家として議論はしていかなければならない。

それともう一つ。

私は財務省の出身者なのですが、経済の面で言うと財政のあり方に問題意識を持っています。現在の財政のあり方は、いわゆる単年度主義以外の選択肢がない状況です。そうではなくて、複数年度、中期的に考えて、財政の弾力的な運営をするべきだと私は考えています。

例えば国が将来の国益につながる研究、技術開発、事業なりに支出をする時には、出すべきだし、出さなければならない。その代わり、受け取ったプレイヤーが実際それを使ってどういうアウトプットを出しているのかというのをしっかり検証していく。あるいはその決算の仕組みをより強化していく。そういうところが必要だと思います。

単年度主義に基づいて、「プライマリーバランスを絶対達成しなきゃいけない」など、そういうところにこだわって国の硬直的な財政運営をやっていると、国のリスクの取り方が適切な形にはならないでしょう。

そういう仕組みを変えていかなければならないと強く思います。

渡邉　そこで参考にしたいのが繰り返しているDOGEです。現在は、データベースの一本化すらできていませんので、無駄自体の検出が出ない。無駄の検出をした後に必要な手立てが打てるようになるじゃないですか。まずこの分析から始めるべきだというのが私の考えです。

小林　そうですね。

渡邉　その上で、現在のおもちゃみたいな事業仕分けをやめる（笑）。

小林　（笑）。

刺激的な言葉よりフェアな説明と可視化を

渡邉　イーロン・マスク氏が取り組んでいる事業仕分けと比べると、日本の事業仕分けは「おもちゃ」にしか見えませんよ。そうしたことを戦後80年近く続けてきて、結果的に古い旅館の増改築をし続けたようになっているのが、現在の日本の構造です。

小林　そうです。そういう意味でアプローチの仕方は大変に難しいですし、簡単ではない。年金も含めて、社会保障制度のあり方もやっぱりもう少し抜本的に変えていかないといけませんよね。

今の渡邉先生の話を伺っていて思ったのは、可視化、すなわちちゃんと「見える化」する必要性です。国民の皆さんの「納得感」というのは必要です。ラディカルにやればそれでいいというものではないですし、ちゃんとフェアな形で、しっかりと国民にアカウンタビリティ（説明責任）を果たしながら、絶対やるべきことだと思います。

渡邉　ラディカルというのは刺激的で、一時的にはよく見えるのです。しかし「2番じゃダメなんですか？」というスローガン的な言葉が、ブーメランで返ってくるようでは個人的にも嫌でしょう。刺激より「可視化」と説明です。

小林　目をつぶってきた課題をもう一つ挙げるとすれば、前述したインテリジェンスです。例えば対外情報機関を持つという情報発信をすると、メディアの方たちが大勢で反発するかもしれません。

しかし、本当の意味で自律した主権国家になっていくためには、当たり前にならなければならない組織であり制度です。にもかかわらず、これまでなかなか表立って議論さえしてこなかった。今後は議論の俎上に載せて、政治が国民の皆さんに見える形で、しっかりした政策を作っていく――これにもチャレンジしなければいけないと思います。

本当の意味での「弱者」とは

渡邉　ラディカルで言えば国民民主が掲げる「現役世代に優しい税制」というテーマがウケていますが、作りがあまりにも雑ですよね。春闘みたいになっているのですが、やはりアメリカ型の総合課税、いわゆる年収と資産と両方でグレーディング（格付け）して本当の弱者を見つけ出していかないといけない。

小林　そうですね。今だと資産をものすごく持っていても、所得がないとほとんど税金を払わなくてよいですから。莫大な資産を持っていても、低所得だと弱者に分類されてしまうのです。

渡邉　現在の制度を考えれば、資産転換して保有するのは当然でしょう。

もう一つ重要なのは属人主義への転換ですね。属人主義とは人の居場所を問わず、原則として本国法が適用される考え方で、対称となるのが所在地法が適用される属地主義です。

「ダブルアイリッシュ・ウィズ・ア・ダッチサンドイッチ」の概略図

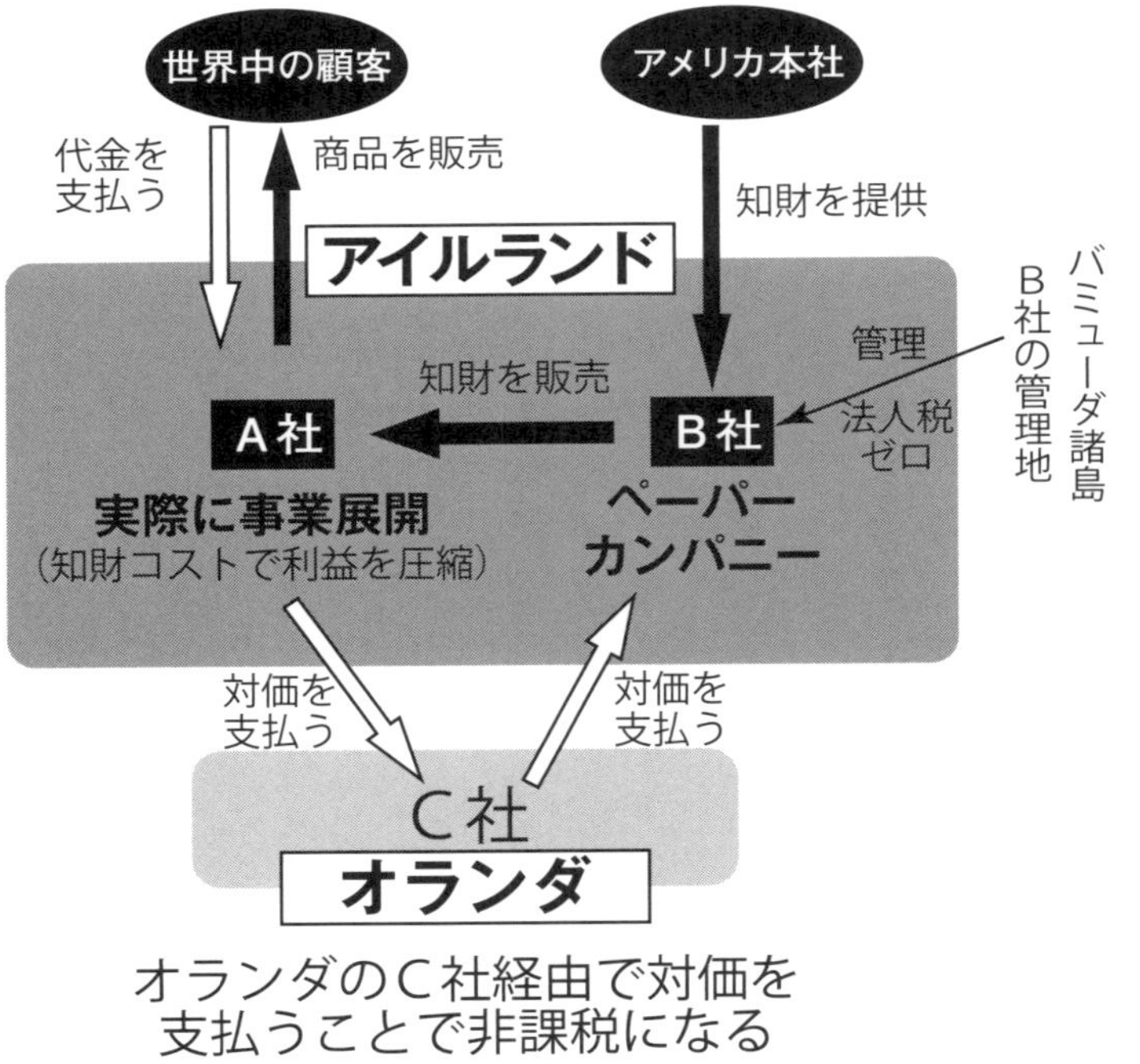

この属地主義を長く悪用してアメリカ本土への租税を回避していたのが、アメリカのＡｍａｚｏｎやＧｏｏｇｌｅです。その時、編み出したのが、前ページに『「ダブルアイリッシュ・ウィズ・ア・ダッチサンドイッチ」の概略図』として掲載した方法です。

富裕層は海外に法人を設立して租税回避をすることを常道にしていましたが、このことをまず問題にしたのがアメリカです。

そこで外国の金融機関に保有する口座を利用した国際的な租税回避を防止するために、ＯＥＣＤ（経済協力開発機構）はＣＲＳ（Common Reporting Standard の略で共通報告基準）を策定。すでにＣＲＳ基準による自動情報交換は始まっています。アメリカしかできなかったことが、他の国でもできるようになった。日本に住みながら海外に法人を設立するなどして租税を回避していた富裕層に納税してもらうというのは、一つのやり方だと思います。

小林　そうですね。そこはあるでしょうね。

渡邉　税の属人主義化と、税の総合課税制度による社会保障の色分け。一生懸命働いているお父さんで収入はあるけど、子どもがいて住宅ローン抱えている層は、実は弱者だと思います。

対して、たくさん不動産を持っているけど、ほとんど収益を生んでなくて年金しか貰ってない人も弱者になっている。

小林　そういう意味でも、本当の意味でフェアな社会にしたいですよね。

渡邉　私の考える税制の答えは、アメリカ型の総合課税プラス属人主義への転換で、いわゆる「逃げ場のない税制」には、多くの納得が得られると思うのです。

小林　そうですね。

渡邉　もちろん、実施には大きな障壁があると思いますが、30年後に実現するイメージであれば、何とか可能かと。

小林　まさに中長期ですね。

あまりにも拙速な高校無償化

渡邉　ロングスパンの目標イメージがないから、国民民主党の春闘というラディカルな施策に耳目が集まってしまう。実際に、１０３万円が１７８万円の基礎控除で綱引きされていますが、あれは富裕層の方が利益があるという矛盾が指摘されていません。

小林　これだけ連日のように報道されておりながら、有権者の方々が矛盾を理解されているかというと、されていないんですよ。「富裕層の方、所得の高い人の方が恩恵を受けるものなんですよ」と言っても、「あ、そうなの」と反応が薄い。

渡邉　高ければ高いほどいいという叩き売り状態になっていて、金額だけに注目が集まっている。まさに春闘ですよ。しかし、与党が反省するべきなのは、それが通用するのは、自分たちがダメだからなんですよ。

小林　そうですね。

渡邉　前述した養育費の控除対象外の話ですが、基礎控除の話から続けて変ですが、扶養控除を引き上げた方がよほど効率的だと思います。よっぽど効率的じゃないですか。178万で基礎控除額を上げるよりも、扶養控除の1人当たりの金額を思いっきり上げた方が子どもを産みやすく、育てやすくなりますよね。

低所得の人はそもそも所得がないので、そこにさえ到達しないというのはあるかもしれません。ただし生産力、消費力が一番高い中間所得層は活性化しますよね。子どもを産めば産むほど税金が安くなるのですから。

なぜそのような現実的な政策についての議論が起きないのか、理解に苦しみます。一方で、維新の会の高校無償化があっさり合意されていたりですね。

小林　私自身、足元の政権運営を見ていると、おかしな話になってきていると思います。野党との交渉のフロントに立つ幹事長や政調会長、税調会長のご苦労は察しますよ。しかし、例えば予算の年度内成立に結構こだわる。そこをこだわると、短期間で政党間の一部の方たちだけで結論を出してしまう。

渡邉　結局、収入要件を撤廃して、私立加算額を45万7000円に引き上げ、低中所得層への高校生等奨学給付金の拡充や公立高校等への支援拡充などの明記私立高校も含めた高校無償化とかが合意されてしまいましたよね。

小林　教育はものすごく大切なテーマなのにもかかわらず拙速で、「いや、そんな簡単な話なんですかね」と、私などは思うわけです。暫定予算という制度があるのですから使えばいいではないですか。そうしてもっとちゃんと腰を据えて、しっかりと議論した方が私はいいと思いますけどね。

国民の重要な資産「データ」を守る

渡邉　改革にはやはりデータが必要ということになりますが、このデータの扱いにも問題が出始めています。

小林　はい。DeepSeekが登場しましたから…。

渡邉　DeepSeekは2025年1月に中国のAI企業が発表した生成AI「DeepSeek‐R1」のことです。低コスト開発、オープンソースに加えてGPT‐4に匹敵する高い性能を持っているとされています。多言語翻訳や数学、コーディングなど、さまざまなタスクを効率的にこなす多用途対応となっています。

問題はDeepSeekを使用することでデータが中国に収集されてしまうことです。この中国製AIの危険性は周知され、世界の多くの国が自国での使用を控えるように注意を喚起しています。

小林　これは大変な問題で、DeepSeekに対する日本の規制を私はまだまだ弱いと思っています。政府機関の中でDeepSeekを使う場合には、リスク管理担当に助言を求めてくださいとなってはいますが、弱い。

何より、地方自治体ですよ。どうしても地方分権があるので、国は自治体に対して強く要請するということをこれまでしてこなかった。結果、自治体で対応にばらつきが出てしまっています。例えば三重県はＤｅｅｐＳｅｅｋを使わないでください、とアナウンスしていますが、そうではない自治体もあります。事ここに至っては、そういう自治体には、国がもう少し強く働きかけをしていく必要があるでしょう。

今の時代、データは国民の本当に貴重な資産です。データ保護に対しても国がこれまでより、一歩踏み込んでいかないと国家経営が成り立たないのではないかと私は危機意識を持っています。

渡邉　ＧＤＰＲ（General Data Protection Regulation の略で「一般データ保護規則」）の日本版を作れば済むと思います。ＧＤＰＲとは、欧州連合（ＥＵ）によって２０１８年5月に施行された個人データ保護に関する規則です。ここで言う個人データとは、名前、住所、メールアドレス、ＩＰアドレスなど個人を特定できるあらゆる情報が含まれます。データ収集の前に、明確かつ自由意思に基づく同意をユーザーから得る必要があり。ユーザーには、自分のデータへのアクセス、修正、削除、移転の権利を保証しています。

このようにＥＵ市民の個人データの収集、使用、保存、転送を厳格に規制していますが、規則違反には高額の罰金が科される可能性があり、最大で企業の年間売上の４％または２０００万ユーロのいずれかが科せられます。

クリーンネットワーク構築

小林　ところが日本には個人情報の持ち出し規制がないのです。

渡邉　現在のスマートフォンのアプリはＡｐｐｌｅストア、Ｇｏｏｇｌｅプレイを通じてダウンロードされています。法律を作れば違法なアプリは供給できない。日本型の個人情報保護システムを作って、海外に個人情報等を持ち出すアプリケーションに関しては一切……。

小林　載せてはいけません、とすればいいわけですよね。

渡邉　はい。もちろん、ヨーロッパやアメリカなど相互主義において条約を満たしている国はその対象外ですとすれば、危険な国は事実上全部排除することはできます。

渡邉　ただし「個人情報」に限定すると企業の機微情報などが盗まれる危険性があります。

小林　そうですね、単に「情報」にすればいい。

渡邉　産業データも含めた情報を国内サーバーで管理すること。同等の環境がある同盟国への持ち出しはＯＫにすれば、問題はなくなります。

この部分でも日本は本当に甘くて、今でもBaiduの「Simeji」のCMが普通に放送されていますからね。スマホ用のIMEなのですが、入力データを全部盗むという疑惑を何度もかけられているアプリです。やっぱり国が「危ない」と指定してくれないと民間は市場に任せてしまいますから。

小林　それはそうです。国が言っているからっていう風にしなければ。

渡邉　例えば出版業界の中では平然とXiaomiのスマホを支給する企業もあります。経済合理性だけ見れば中国製は安いので。ただし、それを議員会館なりに持ち込まれて使われたりしたら、穏やかとは言い難い。私の知り合いの編集者は、すぐに棄てて、SIMだけ入れ替えて使っていますけど、こういう人は稀で、だいたい会社に従ってしまう。

トランプ政権1期目ではクリーンネットワーク構想が公表されました。アメリカ政府がOKを出したもの以外は、使わせないという構想です。日本にも「技術基準適合証明」、通称「技適」という規制があるのです。何でもかんでも「技適」を出すのではなく、価値観の違う国の生産物に安直に「技適」を出す風習はそろそろ考え直すべきです。

すでにアメリカ政府は、世界一のWi‐Fi機器シェアを誇るTP‐Linkの製品を問題視。セキュリティ上の懸念があるとして国防総省や司法省、商務省などが調査を行っていることが報じられています。結果次第では、2025年にアメリカでTP-Linkのルーターの販売禁止措置が執られる可能性があります。

このようなことに常に周回遅れで対応するのが日本です。

経済安全保障ということで言えば、スマホやルーターはアップデートできてしまう。アップデートできるということはセキュリティの問題点を解決するために必要なことなのですが、裏を返せば、メーカー側が「穴」を作ることもできるということです。スパイ化させることできるわけです。

技適の条件の中に、日本と「情報条約」のようなものを結んだ国の生産物しか与えないように制度化すればいいわけです。

小林　そうすれば友好国の生産物に限定されることになりますからね。

渡邉　必然的に日本から中国製のデジタル製品は消えます。それはソニーやNECなど国内のメーカーの助けになる。

新たな同盟関係の構築を目指すトランプ氏

渡邉　いろいろな見方があるとは思いますが、アメリカがやろうとしているのは中国の封じ込めということは、揺るがないと思います。少し能動的に「ドル」を使って中国を封じ込めようとしてるように私には見えます。

２０１５年に中国の中央銀行にあたる中国人民銀行は、人民元で国際銀行間決済ができるシステム「ＣＩＰＳ」を導入しました。人民元の国際的な影響力をより強くすることが目的です。それ以前の国際決算は事実上の国際標準規格である「ＳＷＩＦＴ」が利用されてきました。エネルギーや穀物、武器など重要な戦略物資の決済に使われる通貨は、基軸通貨ドルです。ドル建てのＳＷＩＦＴ決済は、国際間取引の標準と言ってもいい状況でした。そこで中国は「ＣＩＰＳ」を導入し人民元経済圏の拡大を目指したのです。

トランプ政権は、拡大した人民元の領域を、再びドルが奪い取る戦略をとるのではと私は見ています。

小林　私はトランプ氏の大統領選挙をずっと見ていて注目しているのは、基軸通貨ドルのステータスを守るという公約ですね。

そこは一貫しているし、強い覚悟を感じます。しかし、例えば、他の国に強く「人民元を使うな」と強要しても、本当に言われた国がどこまでアメリカに従うかは、私には疑問なのです。

渡邉 トランプ氏がやりたいことを、私は総合主義だと見ています。関税を使ってディールをしていますが、これも対等な総合主義に合わせて新しい同盟関係を作ろうとしているのではないでしょうか。例えば安全保障上提携して、対等に防衛費を払っている国には同盟を守ります、などですね。

本当の意味で自律した国にすることが使命

渡邉 中国が台頭した背景にはＷＴＯの加盟によって、自由貿易の権利を得たことが大きい。この背景には中国が民主化するという約束があったのですが、中国はあっさりそれを破って、市場開放を行わずに、自由主義陣営の甘い汁だけすすってきた。

ところがそのＷＴＯは、アメリカが上級委員の選任を拒否しているため２０１９年12月から機能不全に陥っています。そこでトランプ政権は新しいＷＴＯ創設を模索している。それが前述した新ＣＯＣＯＭと関税です。非常に乱暴ですが「アメリカを選ぶのか選ばないのか」を突き付けて、「選ばないんだったら関税かけるぞ」というディールです。

トランプ政権はコロナ禍の主犯の一人、ＷＨＯ（世界保健機関）からの脱退も表明しましたが、これも新たな保険機構を作ろうとするでしょう。また国務大臣のマルコ・ルビオ氏はG20に参加しませんでしたけど、グリーンや地球温暖化対策する国とアメリカは付き合わないって言っています。

こうして考えるとアメリカを中心とした新たな国際連盟を模索しているとしか私には思えない。実際にトランプ政権1期目はそれに近い動きがありました。

それ故総合主義と呼ぶのです。

小林　しかし、その部分を私は結構危惧しています。現在のアメリカがそこまでのグローバルな超大国かと言うと、やはり相対的に地位が低下してきていますから。

その中で例えばＡＳＥＡＮを見ても、アメリカが引いていっているわけですよね。で、真空地帯ができると。その真空地帯に中国がどうアプローチするかという話もある。その東南アジアの国によって外交姿勢は違いますけれども、比較的アメリカに頼っていた国などは、中国が来ても、いろいろと抵抗はあるでしょう。そうなると今度は、中東を頼りましょうかということにもなります。

このように多極化が進んでいくと、私は見ています。

私は日本はまだ国力があると思っています。日本こそ受け身の外交ではなく、能動的な外交を行うべきです。アメリカが引いていくのであれば、そこをつなぎ止めなければならない。その真空地帯に対して日本が主体的な外交を行ってつなぎ止める。現在のアメリカが国内事情によってASEANから引いていくことは仕方がない。アメリカとASEANをつなぐ一つの架け橋になれるのは日本だと、私は思うのです。

日本は、これまで以上にアグレッシブな外交をしていかないといけない。現実的に国際秩序は以前のそれとは変わってしまって、すでにグローバルサウスと欧米の距離が開き始めているのですから。

繰り返しになりますが、アメリカや中国というのは大国です。その動向は、日本の政策決定をする上で当然大きな変数にはなりますが、大国に振り回されすぎないような国にしなければならない。

自分の国の政策は自分の意思でちゃんと決めきるような、そこまでの国力を付けていかなければいけない。

本当の意味で日本を自律する。自律した国にすることが私の政治家としての使命だと強く思います。

第5章 大国に揺らされない自律国家への転換

おわりに

2025年3月1日、ウクライナのゼレンスキー大統領とトランプ大統領が、大統領執務室でメディアを前に口論するという前代未聞の事態が勃発した。是が非でも停戦を実現したいトランプ氏側と、現状での停戦は受け入れられないゼレンスキー側が衝突したからだ。

ヨーロッパに戻ったゼレンスキー氏を歓迎したのが欧州各首脳で、米欧の距離が大きく開いていたことを示した。同月3日、トランプ大統領はウクライナ支援の一時停止を発表した。

対談ではトランプ革命を前後して激変する世界秩序が大きなテーマの一つとなっている。ヘゲモニーを取り戻すと読む私に対して、小林氏は現在のアメリカにそこまでの力があるかを懐疑的に捉えていた。頼もしいのは、

「だからこそ日本は自律を急がなければならない」

と繰り返していたことだ。このような胆力のある政治家に出会えたのは、久しぶりのことである。

同時に明らかになったのは小林鷹之先生との対談は終わったが、その内容はしばらく生き続けるということだ。

「はじめに」でも述べたが、「このまま行けば日本は二流国」というのは、日本の未来が暗いことを意味しない。今やるべき課題に取り組めば、世界をリードする一国になれるチャンスが訪れたということである。読者の皆さんは、このことを忘れないで欲しい。

本書刊行にあたってご尽力いただいた、元衆議院議員、松本純先生に厚く御礼申し上げます。

二〇二五年三月

経済評論家
渡邉哲也

PROFILE

小林鷹之
こばやし・たかゆき

1974年11月生まれ。千葉県出身。1999年、東大法学部卒業後、大蔵省に入省。2003年、ハーバード大学ケネディ行政大学院修了。2007年、在米日本国大使館出向。2010年に財務省を退職し、公募を経て2012年の第46回衆院選で千葉2区から出馬して初当選。防衛政務官、経済安全保障担当相などを歴任。衆院当選5回。2024年総裁選に出馬し「コバホーク」の愛称で一躍知名度を得る。次世代の自民党リーダー候補として注目を浴びている。2024年に『世界をリードする日本へ』(PHP研究所)を上梓。座右の銘は「有志有途」で、趣味は御輿渡御、マラソン（ベストタイムは3時間50分）。

■ 公式HP
https://kobayashi-takayuki.jp/

■ Xアカウント
@kobahawk

■ 小林鷹之チャンネル
https://www.youtube.com/user/kobahawkchannel

渡邉哲也
わたなべ・てつや

作家・経済評論家。1969年生まれ。日本大学法学部経営法学科卒業。貿易会社に勤務した後、独立。複数の企業運営などに携わる。大手掲示板での欧米経済、韓国経済などの評論が話題となり、2009年、『本当にヤバイ! 欧州経済』（彩図社）を出版、欧州危機を警告し大反響を呼んだ。内外の経済・政治情勢のリサーチや分析に定評があり、さまざまな政策立案の支援から、雑誌の企画・監修まで幅広く活動を行っている。 著書に『パナマ文書』『「韓国大破滅」入門』『情弱すら騙せなくなったメディアの沈没』『SDGsバブル崩壊 意識高い系がハマるリベラルビジネスの正体』『トランプ勝利なら再編する新世界の正体 日本はこうなる』(以上、徳間書店)などベストセラーの他、『世界と日本経済大予測2025-26』(PHP研究所)、『"JAUKUS"の強化で経済も軍事も、日本の未来は絶対明るい!』（ビジネス社）など多数。

■ 渡邉哲也公式サイト　https://www.watanabetetsuya.info
■ 人気メルマガ「渡邉哲也の今世界で何が起きているのか」　https://foomii.com/00049
■ Xアカウント
@daitojimari

■ YouTube「渡邉哲也show」
@watanabetetuya-show

著者撮影……**水野嘉之**
Book Design……**HOLON**

日本国家経営論
トランプ時代の日本経済と政治

第1刷　2025年3月31日

著者
小林鷹之／渡邉哲也

発行者
小宮英行

発行所
株式会社徳間書店
〒141-8202 東京都品川区上大崎3-1-1 目黒セントラルスクエア
電話　編集(03)5403-4344 ／ 販売(049)293-5521
振替　00140-0-44392

印刷・製本
三晃印刷株式会社

ISBN 978-4-19-865992-9